Lo sublime en Wagner

Pensamiento Herder · Fundada por Manuel Cruz
Dirigida por Miquel Seguró Mendlewicz

Slavoj Žižek

Lo sublime en Wagner

Cuatro lecturas lacanianas de operas clásicas

Traducción de
MARTA REBÓN

Herder

Título original: The Wagnerian Sublime. Four Lacanian Readings
of Classic Operas
Traducción: Marta Rebón
Diseño de la cubierta: Stefano Vuga

© *2025, Slavoj Žižek Krečič*
© *2025, Herder Editorial, S.L., Barcelona*

ISBN: 978-84-254-5191-1

Imprenta: Qpprint
Depósito legal: B-16.802-2025

Printed in Spain – Impreso en España

Herder
www.herdereditorial.com

Índice

Prólogo
Mis clásicos preferidos

Déjenme comenzar con la típica pregunta estúpida: si solo pudiera llevarme una pieza musical a una isla desierta, ¿cuál elegiría? Durante décadas, mi respuesta ha sido la misma: los *Gurre-Lieder* (Canciones de Gurre) de Arnold Schönberg. La cualidad que hace esta obra única es cómo refleja la evolución de la historia de la música en su línea musical: la transición del denso *pathos* tardorromántico wagneriano a la *Sprechgesang* («canción hablada») atonal se manifiesta en el progreso de la pieza. Por lo demás, mis gustos son clásicos y decididamente «eurocéntricos», con una predilección por la música de cámara... ¿De verdad? ¿Cómo conciliar esto con mi dedicación total a los *Gurre-Lieder*, que requieren alrededor de seiscientos músicos para su correcta interpretación? Es bien conocida la inclinación de Schönberg por la música de cámara; en una crítica mordaz a la vulgaridad estadounidense, una vez dijo que todo en la música puede expresarse con un máximo de cinco o seis instrumentos, y que solo se necesitan orquestas para que los estadounidenses lo comprendan... ¿Cómo, pues, explicar los *Gurre-Lieder*, que exigen solistas, una orquesta completa y tres coros? Simon Rattle, en las notas de su grabación, propuso una fórmula maravillosa: los *Gurre-Lieder* son una pieza de música de cámara para orquesta y coro; y esta, en efecto, es la manera en que deben abordarse.

9

Ahora vamos con Bach: aunque no puedo seguir ninguna de sus *Pasiones* sin bostezar, encuentro irresistibles sus sonatas para violín y violonchelo. Tomemos el segundo movimiento (fuga) de las *Tres sonatas para violín solo* de Bach, en el que toda la estructura polifónica está condensada en una sola línea instrumental, de modo que, aunque «efectivamente» solo oímos una línea de violín, en nuestra imaginación la complementamos automáticamente con otras líneas melódicas implícitas no escuchadas, y parece que oímos la multitud de líneas melódicas en su interacción. Sin embargo, la condensación real en una sola línea no queda simplemente suspendida: el elemento clave del efecto artístico es que somos conscientes en todo momento de que efectivamente escuchamos solo una línea. Por eso las transcripciones de las sonatas para violín solo de Bach para órgano o trío o cuarteto de cuerdas, incluso cuando son de la más alta calidad, mantienen un elemento de «vulgaridad», incluso obscenidad, como si cuando «lo escuchamos todo» se llenara algún vacío constitutivo, lo cual es la definición elemental del *kitsch*.

Con Mozart me pasa algo parecido: mi primera opción son sus quintetos de cuerda y, entre sus óperas, *Così fan tutte*. Me encanta la versión de Peter Sellars en vídeo de *Così*, en que traslada la acción al presente (una base naval estadounidense, con Despina como propietaria de la taberna local y los dos caballeros —oficiales de la marina— que se presentan no como «albaneses», sino como *punks* con el pelo teñido de violeta y amarillo). La premisa principal es la de que el único amor verdadero y apasionado es el del filósofo, Alfonzo, y Despina, quienes experimentan con las dos parejas jóvenes para salir del atolladero de su propio amor desesperado. Esta lectura cala en el corazón de la *ironía* mozartiana, que es lo opuesto al cinismo. Para simplificar en grado sumo, si un cínico simula una creencia de la que se burla en privado (en público predicas el sacrificio por la patria, en privado amasas una fortuna), un ironista se toma las cosas más en serio de lo que parece: cree en secreto en aquello de lo que se burla en público.

Alfonzo y Despina, el frío experimentador filosófico y la sirvienta corrupta y disoluta, son los auténticos amantes apasionados, que utilizan a dos parejas lamentables y su ridículo enredo erótico como instrumentos para enfrentarse a su unión traumática. Y es solo hoy, en nuestra era posmoderna, aparentemente llena de ironía y carente de toda creencia, cuando la ironía mozartiana alcanza su plena actualidad, confrontándonos con el incómodo hecho de que —no en nuestras vidas interiores, sino en nuestras acciones y en nuestra práctica social— creemos mucho más de lo que somos conscientes.

Con Beethoven, las cosas son diferentes. Por razones personales, mi elección es *Fidelio*. Fue la primera ópera que escuché íntegra en mi adolescencia, y me impresionó profundamente; incluso ahora, más de medio siglo después, sigo estremeciéndome ante la belleza simple pero sublime del momento en que la trompeta anuncia la llegada del ministro, justo cuando Leonora arriesga su vida para salvar a Florestán... También creo que las obras que comúnmente se consideran los mayores logros de Beethoven —los últimos cuartetos de cuerda, incluida la *Gran Fuga*— están enormemente sobrevaloradas. (Lo único grandioso de la *Gran Fuga* es que parece anticipar la música de Bernard Herrmann para Hitchcock). Desde un punto de vista puramente musical, las últimas sonatas para piano de Beethoven son muy superiores.

Para decirlo sin rodeos, la música de Beethoven suele bordear el *kitsch*. Baste mencionar la explotación excesivamente repetitiva del «bello» motivo principal del primer movimiento de su *Concierto para violín* o los momentos culminantes —y de bastante mal gusto— de la obertura *Leonora n.º 3*. ¡Qué vulgares son los momentos culminantes de *Leonora n.º 3* (y la *n.º 2* es aún peor, una versión profundamente aburrida) en comparación con la obertura de *La flauta mágica*, en la que Mozart aún conserva lo que cabría llamar un sentido propio de la *decencia* musical, interrumpiendo la línea melódica antes de que alcance el momento culminante de la repetición con toda la orquesta al saltar directamente a los *staccati* finales! Tal vez el propio Beethoven lo advirtiera, al escribir otra obertura, la última: la breve, concisa e imperiosa *Fidelio*, opus 72c, tan opuesta a *Leonora n.° 2* y *n.° 3*. (Sin embargo, la verdadera gema es la injustamente minusvalorada *Leonora n.° 1*, opus 138, cuya fecha es incierta. Aquí tenemos al mejor Beethoven, con su hermosa ascensión climática, sin ningún exceso embarazoso).

Por tanto, ¿es de veras Wagner la extensión *kitsch* de lo peor de Beethoven? No: el verdadero logro de Wagner radicó precisamente en proporcionar una forma artística propia a lo que constituye en Beethoven un exceso *kitsch*. (Tenemos la demostración en *El oro del Rin*, la ópera crucial de Wagner, el grado cero del «drama musical», que hace borrón y cuenta nueva y, con ello, posibilita la vuelta de los elementos operísticos «transubstanciados» del acto primero de *La valquiria* en adelante, hasta culminar en el trío de la venganza de *El ocaso de los dioses*). *El oro del Rin* es el primer drama musical y primera y única obra que sigue plenamente los preceptos del drama musical (no hay improvisaciones melódicas libres, la música sigue el drama paso a paso, etcétera).

Esto nos lleva al gran dúo: Schubert y Schumann. El primer movimiento de la *Sonata para piano n.° 18 en sol mayor* (D 894) de Schubert es una pieza que siempre estoy dispuesto a escuchar una y otra vez (y de hecho así lo hago, nunca me canso de ella). En cuanto a *Winterreise* (Viaje de invierno), ¿quién puede resistirse a esta obra? Sin embargo, es crucial escucharla en su totalidad y no limitarse a los temas más populares como «El organillero». Debo de tener unas cincuenta versiones de *Winterreise*, y mi deseo secreto es escribir una suerte de historia de los cambios en el estado de ánimo ideológico de Europa a lo largo del último siglo tal como se refleja en esas versiones. Por ejemplo, la excepcional grabación de Hans Hotter de 1942 de *Winterreise* de Schubert parece pedir una lectura intencionalmente anacrónica: es fácil imaginar a oficiales y soldados alemanes escuchando esta grabación en las trincheras de Stalingrado durante el frío invierno de 1942-1943. ¿Acaso el tema de *Winterreise* no evoca una consonancia única con el momento histórico? ¿No fue toda la campaña de Stalingrado un gigantesco *Winterreise*, donde todos los soldados alemanes pueden decir para sí las primeras líneas del ciclo: «Llegué aquí como un extraño, / como un extraño me marcho»? ¿Y no expresan las siguientes líneas su experiencia esencial?: «El mundo es tan sombrío ahora, / el camino cubierto de nieve. / No puedo elegir cuándo partir, / debo encontrar mi propio camino / en medio de esta oscuridad».

En cuanto a Schumann, tengo una obsesión casi patológica por sus obras maestras para piano; he escrito mucho sobre *Humoresque*, que no es simplemente una obra para piano, sino una canción cuya línea vocal ha quedado reducida al silencio, de manera que solo oímos el acompañamiento pianístico. Esta desaparición de la voz es el correlato exacto de la «muerte del hombre», y es crucial aquí no confundir al hombre («la persona») con el sujeto: el sujeto lacaniano en cuanto $ [sujeto tachado] es el resultado de la «muerte del hombre». A diferencia de Foucault, Lacan considera que el humanismo surgió en el Renacimiento y pasó a mejor vida con la ruptura filosófica de Kant y, podríamos añadir, con la musical de Schumann. Así es como debemos interpretar la famosa «voz interior» (*innere Stimme*) añadida por Schumann (en la partitura manuscrita) como una tercera línea entre las dos partes del piano, la superior y la inferior: como la línea melódica vocal que se conserva como una «voz interior» no vocalizada, una especie de equivalente musical del Ser tachado de Heidegger y Derrida. Por tanto, lo que oímos en realidad es una «variación, pero no un tema», una serie de variaciones sin tema, un acompañamiento sin línea melódica principal (que existe solo como *Augenmusik*, música para los ojos, en forma de notas escritas). (No es de extrañar que Schumann compusiera un «concierto sin orquesta», algo así como un correlato del *Concierto para orquesta* de Bartók, Sz. 116). Para reconstruir esta melodía ausente, hay que tener en cuenta que el primer y el tercer nivel (las partes de piano para la mano derecha e izquierda) no se relacionan directamente entre sí, que su relación no es la de un reflejo inmediato: para explicar su interconexión, uno se ve obligado a (re)construir un tercer nivel (línea melódica) intermedio y «virtual», que, por motivos estructurales, no puede interpretarse. Este nivel pertenece a la categoría de lo real imposible, que solo puede existir como escritura, pues su presencia destruiría las dos líneas melódicas que oímos en realidad (como en «Pegan a un niño» de Freud, en que la fantaseada escena intermedia nunca se hizo consciente y tuvo que reconstruirse como el eslabón que faltaba entre la primera escena y la última). Schumann lleva la técnica de la melodía ausente hasta un extremo autorreferencial aparentemente absurdo cuando, en el mismo fragmento de *Humoresque*, aunque un poco más adelante, repite las dos líneas melódicas del piano, sin que la partitura incluya en esta ocasión la tercera, la de la voz interior: lo ausente aquí es la propia melodía, es decir, la propia ausencia.

Pero basta de teoría densa: volvamos a nuestra cronología y enfrentémonos a mi mayor amor, Richard Wagner, mi obsesión desde la adolescencia. Incluso hoy, mi sueño secreto es que me inviten a montar *Tristán* o *Parsifal* en Bayreuth u otro gran teatro de ópera. En este sentido, imaginemos —mi sueño— un *Parsifal* ambientado en una megalópolis moderna, con Klingsor como un chulo impotente que regenta un burdel y utiliza a Kundry para seducir a los miembros del círculo de «Grial», una banda rival dedicada al tráfico de drogas. Al frente de esta banda está el herido Amfortas, cuyo padre, Titurel, delira sin cesar por el consumo abusivo de drogas. Amfortas soporta una presión terrible por parte de los miembros de su banda para «celebrar el ritual», es decir, para que les entregue la dosis diaria de drogas. Fue «herido» (infectado de sida) por Kundry, quien le mordió el pene mientras le practicaba una felación. Parsifal es el hijo joven e inexperto de una madre soltera y sin hogar, y no le gustan las drogas; «siente el dolor» y rechaza los avances de Kundry incluso mientras esta le hace una felación. Cuando Parsifal asume el mando de la banda, establece una nueva regla para su comunidad: la libre distribución de drogas...

Me llevó años pasar de la fascinación por los grandes éxitos de Wagner a su verdadera grandeza, que se aprecia más claramente en los segundos actos de sus obras (*Lohengrin*, *La valquiria*, *El ocaso de los dioses*...). El segundo acto de *El ocaso* es musicalmente muy superior a los mucho más populares actos I y III. (La excepción es *Tristán e Isolda*, donde la obra maestra absoluta es el acto III). Sin embargo, se necesitan años, incluso décadas, para penetrar realmente en una ópera de Wagner; incluso hoy no logro conectar por completo con *Maestros cantores*.

¿Y Verdi, el gran homólogo de Wagner? No lo excluyo del todo: aprecio mucho algunas de las óperas de su período tardíomedio, como *Don Carlos*, donde, por ejemplo, la gran confrontación entre el Rey y el Gran Inquisidor es magnífica. El tercer nombre que debe mencionarse aquí es el de Músorgski, cuya *Jovánschina* es para mí absolutamente única. Ya en *Boris Godunov*, Músorgski retrata al «pueblo» como el Real impenetrable que un agente humano/héroe intenta en vano penetrar y dominar: no importa cuán decisivamente actuemos, «todo a nuestro alrededor es oscuridad e impenetrable penumbra», como canta Boris Godunov en su gran monólogo, que culmina con el Simplón evocando esta misma oscuridad: «¡Que fluyan las lágrimas amargas! / Llora, llora... ¡Alma infeliz! / El enemigo vendrá. / Correrá tanta sangre. / Y el fuego destruirá.../ ¡Oh, terror! ¡Oh, terror! / Que fluyan tus lágrimas, / ¡Pueblo miserable!». ¿Y si el «pueblo» no existe como un agente único con una Voluntad colectiva, sino que es precisamente el nombre de la densidad caótica de la humanidad que frustra todos los planes de liberación que le imponen los agentes humanos, esa densidad caótica que solo puede manifestarse bajo la forma de una furia autodestructiva? *Jovánschina* lleva esta idea a su extremo lógico, concluyendo con un suicidio colectivo como el único acto de redención imaginable...

Ahora viene una sorpresa desagradable para muchos de mis lectores: ni Mahler ni Richard Strauss figuran en mi universo musical. (Estoy de acuerdo con el viejo dicho vienés: «Cuando Richard, entonces Wagner; cuando Strauss, entonces Johann»). Y aquí mi último «pecado» antiadorniano: prefiero la cuarta sinfonía de Sibelius a todo Mahler. Y, siguiendo en la misma línea de confesiones, debo admitir algunos otros placeres culpables: las sinfonías 8, 10 y 14 de Shostakóvich, junto con su Primer concierto para violín, y algunos de sus cuartetos de cuerda (el n.º 3, con su tercer movimiento maravillosamente hitchcockiano, pero *no* el sobrevaloradísimo n.º 8, que está demasiado cerca del *kitsch*). También disfruto de la primera sonata para violín de Prokófiev y de su música para cine (*Aleksandr Nevski, Iván el Terrible*), y, por qué no, *La cenicienta* de Rossini y *El elixir de amor* de Donizetti, este último con su «poción de amor» que de nuevo claramente funciona como el *objeto a* lacaniano.

Hay muchos otros momentos maravillosos en esta obra maestra de Donizetti. Por ejemplo, hacia el final del primer acto hay un pasaje que ejemplifica de manera musical el impulso básico de la *Aufhebung* hegeliana («sublación» o reposicionamiento retroactivo). Esencialmente, se trata de un trío sostenido por un coro; el triángulo amoroso está compuesto por Adina, una hermosa y rica propietaria de una granja, Nemorino, un simplón que la ama profundamente; y Belcore, un sargento arrogante y fanfarrón que también quiere casarse con Adina. Al enterarse de la noticia de que Adina está dispuesta a casarse con Belcore esa misma noche, Nemorino le ruega que posponga la boda, pero

Belcore lo despacha brutalmente: «Gracias al cielo, idiota, que estás loco / o borracho de vino. / Te estrangularía, te haría pedazos, / si en este momento fueras tú mismo. / Para que pueda mantener mis manos bajo control, / vete, tonto, escóndete de mí». La magia, por supuesto, está en cómo se musicaliza este sencillo intercambio. La frase más impactante —«va via, buffone, ti ascondi a me» (que se traduciría como «lárgate, imbécil»)— se canta primero de manera agresiva, pero luego se reposiciona como telón de fondo para el dúo amoroso predominante.

Pasando a terrenos más serios, aunque creo que los grandes éxitos de Ravel, como el *Bolero*, deberían ser quemados públicamente, soy un gran admirador de su música de cámara (admito sin vergüenza que la descubrí a través de la película *Un corazón en invierno*, de 1992), que de ninguna manera debemos descartar como una expresión del intenso sentido de intimidad de la burguesía francesa. Creo que la música de cámara de Ravel debe leerse de la misma manera que las piezas para piano de Erik Satie, y hay que tener en cuenta que, a principios de la década de 1920, en los últimos años de su vida, Satie no solo era miembro del recién constituido Partido Comunista Francés, sino incluso miembro de su Comité Central, lo cual no es en absoluto una mera idiosincrasia personal o provocación. Recordemos que Ravel también rechazó ser miembro de la Academia Francesa en protesta por la forma en que Francia trataba a la Unión Soviética; además, musicalizó canciones de protesta norteafricanas contra el poder colonial francés. Así pues, ¿qué pasa si, para tener la idea más elemental del comunismo, uno debe olvidarse de todas las explosiones extrarrománticas de pasión e imaginar la claridad de un orden minimalista, sostenido por una suave disciplina libremente impuesta? Satie utilizó el término «música de mobiliario» (*musique d'ameublement*), lo que implica que algunas de sus piezas deberían funcionar como música de fondo para crear ambiente. Aunque esto puede parecer apuntar hacia la música ambiental comercializada (*Muzak*), lo que Satie busca es exactamente lo contrario: una música que subvierte la brecha que separa la figura del fondo: cuando uno realmente escucha a Satie, uno «escucha el fondo». Este es el comunismo igualitario en la música: una música que reenfoca la atención del oyente del gran Tema a su fondo invisible, de la misma manera que la teoría y la política comunistas reenfocan nuestra atención de los grandes Héroes al inmenso trabajo y sufrimiento de la gente común invisible.

Esto me lleva finalmente de vuelta a mi punto de partida: Schönberg y la Segunda Escuela Vienesa. Aquí sigo siendo un viejo estalinista adorniano: lucha de clases en la música: Schönberg sí, Stravinski no. Por razones freudianas obvias, me fascina *Erwartung* [La espera] la primera gran puesta en escena musical de la histeria femenina, pero también me conmueve profundamente la dolorosa belleza melódica de su *Concierto para violín* (una prueba, si es que se necesita alguna, de que Schönberg estaba lejos de ser un frío manipulador racional), y la absoluta maestría de su Trío [el Trío para violín, viola y violonchelo opus 45, A/D]. De entre los alumnos de Schönberg, uno debería insistir absolutamente en añadir, además de los dos grandes (Berg, Webern), a Hanns Eisler, un gran maestro de lo que yo llamo (siguiendo a Schelling) «corporalidad espiritual», el despliegue de la dimensión espiritual inmanente a la materia misma. El ejemplo supremo aquí es su obra *Catorce maneras de describir la lluvia*, opus 70, un ejercicio dodecafónico de doce minutos para flauta, clarinete, trío de cuerdas y piano, compuesto primero como acompañamiento musical para el documental *Regen* («Lluvia», 1929) de Joris Ivens, un retrato de Ámsterdam bajo un aguacero. Reescrita en 1941, esta pieza se estrenó en 1944 en la casa de Arnold Schönberg en Los Ángeles como parte de la celebración de su septuagésimo cumpleaños, y fue muy admirada por Schönberg y Adorno, quienes por lo demás se oponían al compromiso político comunista de Eisler. Otras dos piezas de Eisler pertenecen supuestamente a la misma serie:

los seis «Fragmentos de Hölderlin» de su *Hollywood Songbook* (1942-1944, caracterizados por Matthias Goerne como «el *Winterreise* de nuestros tiempos»), y su última obra, terminada un par de semanas antes de su muerte, *Canciones serias* (1962). Tengo que admitir que este es mi límite: no puedo disfrutar realmente de lo que viene después, con algunas excepciones como Olivier Messiaen, otro maestro de la «corporalidad espiritual», cuya música de cámara y solista religiosa (*Visions de l'Amen, Vingt regards sur l'enfant-Jésus...*) es lo más cerca que uno puede llegar a lo que yo llamo teología materialista.

I. *Parsifal* como una pieza didáctica

Lo sublime en Wagner

Jacques Rancière propuso una distinción entre el inconsciente freudiano (que es estrictamente «racional», en cuanto constituye la articulación de una estrategia para tratar experiencias traumáticas específicas: las formaciones freudianas del inconsciente son mensajes codificados que deben descifrarse) y el inconsciente estético predominante en la gran tradición del siglo XIX, que comienza con Schopenhauer, alcanza su máxima expresión con el *Tristán* de Wagner y culmina en *Muerte en Venecia* de Thomas Mann. Este inconsciente está ligado al sentimiento oceánico, a la obliteración del yo en el inmenso mar del abismo primigenio y sin forma. Como Rancière señaló de manera perspicaz, el rechazo de Freud a este inconsciente estético también explica el carácter psicológicamente realista de sus interpretaciones de obras de arte, interpretaciones que a veces resultan vergonzosamente ingenuas. Freud no se interesa por los detalles textuales que subvierten la narración o el tema (contenido) de una obra; en su lugar, trata a los personajes de ficción literaria como casos clínicos reales, o interpreta la obra de arte como un síntoma de la patología del artista.

La tesis de Rancière debe complementarse en tres aspectos. Sostiene que el descubrimiento de la pulsión de muerte es «un episodio de la larga confrontación —más o menos enmascarada— de Freud con el gran tema obsesivo de la época en que se formó el psicoanálisis: el inconsciente de la cosa en sí schopenhaueriana y las grandes ficciones literarias del retorno a ese inconsciente».[1] Así, los numerosos análisis literarios y artísticos de Freud fueron, por tanto, «los medios para resistirse a la entropía nihilista que Freud percibe y rechaza en las obras del régimen estético del arte y a la que, sin embargo, dará cabida en la teorización de la pulsión de muerte».[2] No obstante, se puede demostrar fácilmente (como Lacan hizo de manera muy convincente) que la pulsión de muerte no es el término freudiano para el impulso schopenhaueriano de autoaniquilación, el descenso al abismo primigenio, etcétera, sino, más bien, una compulsión radical de repetición que persiste «más allá de la vida y la muerte». Freud inventó el concepto de «pulsión de muerte» para postular una fuerza libidinal que se opone precisamente a la «entropía nihilista».

Esta cuestión va ligada a la segunda corrección: Rancière es demasiado rápido al identificar el tratamiento psicoanalítico predominantemente «textual» del arte y la literatura de hoy como una continuación de la autodisolución schopenhaueriana en el abismo primigenio. Se puede demostrar que el modernismo, en realidad, rompe precisamente con este tema tardorromántico. Aunque tanto la poesía romántica de la «noche eterna» como el formalismo modernista desafían la lógica narrativa representacional tradicional, la socavan desde direcciones opuestas: el Romanticismo exalta la fuerza de la «entropía nihilista» que desintegra las estructuras de la representación narrativa, mientras que el modernismo pone énfasis en los detalles formales que despliegan una estructura autónoma. Así, se distancia no solo de la representación narrativa, sino también de la autoaniquilación en

---

1 Jacques Rancière, *El inconsciente estético*, trad. de Silvia Duluc, S. Costanzo y L. Lambert, Buenos Aires, Del Estante, 2005, pp. 95-96.

2 *Ibid.*, p. 96.

el «mar eterno». Estos detalles formales, que persisten más allá de la representación narrativa, se parecen más a la pulsión de muerte freudiana, en cuanto insistencia más allá del ciclo de «vida y muerte» expresada por la narración; solo de esta manera puede vincularse la teoría freudiana al arte moderno.

Punto tercero y final: ¿puede realmente el romanticismo de Wagner reducirse a la entropía nihilista? Con el Romanticismo cambia el papel que desempeña la música: ya no es un mero acompañamiento del mensaje transmitido en el discurso, sino que contiene un mensaje propio «más profundo» que el expresado en palabras. Fue Rousseau quien articuló claramente por primera vez este potencial expresivo de la música como tal, cuando afirmó que, en lugar de simplemente imitar las características afectivas del discurso verbal, la música debería tener el derecho de «hablar por sí misma»; en contraste con el engañoso discurso verbal, en la música, por parafrasear a Lacan, la verdad misma es la que habla. Como expresó Schopenhauer, la música representa directamente la Voluntad nouménica, mientras que el discurso se queda en el nivel de la representación fenoménica. La música es la sustancia que expresa el núcleo auténtico del sujeto, lo que Hegel llamó la «Noche del Mundo», ese abismo de la negatividad radical: con el paso del sujeto ilustrado del *logos* racional al sujeto romántico de la «Noche del Mundo», es decir, cuando la metáfora del sujeto pasa del Día a la Noche, la música se convierte en la portadora del mensaje verdadero más allá de las palabras. Aquí nos encontramos con lo siniestro: ya no se trata de una trascendencia externa, sino que es, siguiendo el giro trascendental de Kant, el exceso de la Noche sobre el corazón mismo del sujeto (la dimensión de lo no-muerto), o lo que Tomlinson ha llamado lo «sobrenatural que marca al sujeto kantiano desde su interior».[3]

3 Gary Tomlinson, *Metaphysical Song*, Princeton (NJ), Princeton University Press, 1999, p. 94 [ed. cast.: *Canto metafísico. Un ensayo sobre la ópera*, trad. de T. Paul Silles, Barcelona, Idea Books, 2001].

La música ya no expresa la «semántica del alma», sino el subyacente flujo «nouménico» de la *jouissance* más allá de la significatividad lingüística. Este flujo nouménico es radicalmente diferente de la Verdad divina trascendente prekantiana: es el exceso inaccesible que conforma el núcleo mismo del sujeto. Después de tal celebración de la musicalidad, no podemos sino estar de acuerdo con Vladimir Nabokov cuando describió el estado ideal como aquel en el que «no hay ni tortura, ni ejecuciones, nada de música».[4] En efecto, la línea de separación entre lo sublime y lo ridículo, entre un acto noble y un gesto patético y vacío, es en última instancia imposible de rastrear. Recordemos el comienzo del primer movimiento de la *Novena Sinfonía* de Beethoven: ¿hubo alguna vez una declaración más sucinta de la determinación, de la voluntad inquebrantable de llevar a cabo la decisión que se ha tomado?[5] Sin embargo, ¿no es cierto que, con un ligero cambio de perspectiva, el mismo gesto no puede sino parecer un gesto ridículo, una histérica

4 Vladimir Nabokov, *Opiniones contundentes*, trad. de M. R. Bengolea, Barcelona, Anagrama, 2017 [ed. electrónica].

5 Por desgracia, no puede decirse lo mismo del infame cuarto movimiento. En uno de sus ensayos, Adorno menciona un maravilloso ejemplo de la vulgaridad de la *Halbbildung:* un manual estadounidense que debería ayudar a la gente a reconocer las piezas de música clásica más conocidas y evitar así la vergüenza en la sociedad intelectual... ¿cómo? El autor propone para cada melodía clásica más conocida palabras (que supuestamente ilustran su «contenido») que deberían ayudarnos a recordarla: el motivo de cuatro notas del comienzo de la *Quinta Sinfonía* de Beethoven se traduce como «¡Escucha cómo golpea el destino! ¡Escucha cómo golpea el destino!» la línea melódica principal del primer movimiento de la Sexta Sinfonía de Chaikovski como «la tormenta ha pasado, Chaikovski vuelve a estar tranquilo pero triste...». Adorno, por supuesto, estalla de rabia (obviamente mezclada con un extremo goce obsceno) ante esta barbaridad. El problema del cuarto movimiento de la Novena de Beethoven, que pone música a la oda de Schiller sobre la fraternidad de todos los hombres, etcétera, es que, en él se hace esto a sí mismo: las palabras de Schiller funcionan en efecto como precisamente un recordatorio vulgar del contenido «profundo».

I. *Parsifal* como una pieza didáctica

agitación de manos que delata el hecho de que efectivamente estamos tratando con una impostura? No obstante, ¿y si leemos la posición del primer movimiento no en términos de dignidad, sino como la obstinación de la pulsión «no-muerta»? ¿Y si esta oscilación nuestra sugiere que no hay *kitsch* en sí mismo? Lo que Bartók logra en su *Concierto para orquesta* es *redimir* la melodía paradigmáticamente *kitsch* de *La viuda alegre* de Lehár. La cita de Lehár no es de ninguna manera irónica, ya que, al citarla en un contexto diferente, la des-fetichiza, proporcionándonos un entorno auténticamente musical a partir del cual esta bella melodía emerge «de manera orgánica». Por suerte, sin embargo, el problema con este potencial expresivo de la música es que, llevado hasta el final, acaba por cancelarse: cuando progresamos hasta el núcleo mismo del sujeto, nos hallamos con el núcleo fantasmático del goce que ya no puede ser subjetivado ni asumido afectivamente por el sujeto; el sujeto solo puede contemplar este núcleo con una mirada fría y fija, incapaz de reconocerse de manera plena en él. Recuérdese «Der Leiermann», la última canción del *Winterreise* [Viaje de invierno] de Schubert: en el punto álgido de la desesperación, se congelan todas las emociones, volvemos al mecanismo inexpresivo, el sujeto se encuentra sumido en la profunda desesperación de intentar replicar el automatismo de la música mecánica.

En la historia de la ópera, este sublime exceso de vida es discernible en dos versiones principales, italiana y alemana, Rossini y Wagner: así, aunque son los grandes opuestos, quizás la sorprendente simpatía privada de Wagner por Rossini, lo mismo que su amistoso encuentro en París, sí atestigua una afinidad más profunda. Los grandes retratos masculinos de Rossini, los tres del *Barbiere* («Largo al factotum» de Fígaro, «Calunnia» de Basilio y «A un dottor della mia sorte» de Bartolo), junto con el autorretrato ilusorio de la corrupción del padre en *La cenicienta*, escenifican una queja autocomplaciente donde uno se imagina en la posición deseada, siendo bombardeado con solicitudes de favores o servicios. El sujeto desplaza su posición dos veces: primero asume los papeles de quienes se dirigen a él, representando la abrumadora multitud de demandas que lo bombardean; luego finge una reacción a esta, el estado de profunda satisfacción por verse abrumado por demandas que no puede satisfacer. Tomemos al padre en *La cenicienta:* este imagina cómo, cuando una de sus hijas se haya casado con el príncipe, las personas se dirigirán a él, ofreciéndole sobornos por un servicio en la corte, y él reaccionará primero con astuta deliberación, luego con falsa desesperación al verse bombardeado por tantos requerimientos. El momento culminante de la arquetípica aria de Rossini es este instante único de felicidad, de plena afirmación del exceso de la vida que se da cuando el sujeto se ve abrumado por las demandas, incapaz ya de afrontarlas. En el clímax de su aria del «factótum», Fígaro exclama: «¡Qué multitud / de personas bombardeándome con sus demandas / ¡De uno en uno, por favor! [*uno alla volta, per carità!*]», refiriéndose a la experiencia kantiana de lo Sublime, en la que el sujeto es bombardeado con un exceso de datos que es incapaz de abarcar. La economía básica aquí es obsesiva: el objeto del deseo del héroe es la demanda del otro.

Este exceso es el contrapunto propiamente dicho de lo sublime wagneriano, del *höchste Lust* de la inmersión en el vacío con que concluye *Tristán.* Esta oposición de lo sublime rossiniano y lo sublime wagneriano se ajusta perfectamente a la oposición kantiana entre lo sublime matemático y lo sublime dinámico: como acabamos de ver, lo sublime rossiniano es matemático, representa la incapacidad del sujeto para comprender la pura cantidad de las demandas que lo abruman, mientras que lo sublime wagneriano es dinámico, representa la apabullante fuerza concentrada de la única demanda, la demanda incondicional del amor. Uno también puede decir que lo sublime wagneriano es la emoción absoluta; así es como debería leerse la famosa primera frase de *La religión y el arte* de Wagner,[6] donde afirma que, cuando la religión se vuelve artificial, el arte puede salvar su verdadero espíritu, su verdad oculta... ¿Cómo? Precisamente abandonando el dogma y expresando solo la auténtica emoción religiosa; es decir, transformando la religión en la experiencia estética última. (Y la paradoja de *Parsifal* es que vuelve del revés *Tristán:* la experiencia metafísica íntima se exterioriza de nuevo a la fuerza, convertida precisamente en *ritual*... Los clímax de *Parsifal* son, sin duda, los dos rituales del Grial).

Por consiguiente, *Tristán* debería leerse como la resolución de la tensión entre la pasión sublime y la religión aún operativa en *Tannhäuser.* La súplica al comienzo de *Tannhäuser* representa una extraña inversión de la súplica normal: no es una súplica para escapar a los límites de la mortalidad y reunirse con la amada, sino una súplica dirigida a la amada para que permita que el héroe se marche y regrese a la vida mortal del dolor, la lucha y la libertad. Tannhäuser se lamenta de que, en cuanto mortal, no puede soportar el goce continuo. («Wenn stets ein Gott genießen kann, bin ich dem Wechsel untertan; nicht Lust allein liegt mir am Herzen, aus Freuden sehn ich mich nach Schmerzen»[7] [«Si un dios puede vivir en perpetua alegría, yo, sin embargo, estoy sometido al cambio. No solo es placer la materia de mi corazón; mientras gozo, anhelo el sufrimiento»]). Un poco más tarde, Tannhäuser deja claro que lo que ansía es la paz de la muerte misma: «Mein Sehnen drängt zum Kampfe, nicht such ich Wonn und Lust! Ach mögest du es fassen, Göttin! [*wild*] Hin zum Tod, den ich suche, zum Tode drängt es mich!»[8] [«¡Mi anhelo me conduce al combate, no busco el placer y el embeleso! ¡Oh, si pudieras entenderlo, diosa! (*furioso*) ¡Por eso ansío la muerte, me veo arrastrado a ella!»]. Si

---

6 Véase Richard Wagner, *Religion and Art*, Lincoln, University of Nebraska Press, 1994.

7 *Id.*, *Tannhäuser und der Sängerkrieg auf Wartburg*, Stuttgart, Reclam, 1963, p. 18.

8 *Ibid.*, p. 23.

aquí hay un conflicto entre la eternidad y la existencia temporal, entre la trascendencia y la realidad terrenal, entonces Venus está del lado de una aterradora *eternidad* de insoportable *Genießen* [gozo] excesivo.

Esto es lo que provee la clave para el conflicto central de la ópera: *no* es, como se suele afirmar, el conflicto entre lo espiritual y lo físico, lo sublime y los placeres corrientes de la carne, sino un conflicto interno a lo sublime mismo, que lo divide. Venus y Elisabeth son *ambas* figuras metafísicas de lo sublime: ninguna de las dos es una mujer destinada a convertirse en una esposa común. Mientras que Elisabeth es, obviamente, la virgen sagrada, la entidad puramente espiritual, la *intocable* Dama idealizada del amor cortesano, Venus también representa un exceso metafísico, el del goce sexual excesivamente intensificado; si acaso, es Elisabeth quien está más próxima a la vida terrenal corriente. En términos de Kierkegaard, podría decirse que Venus representa lo estético y Elisabeth lo religioso... a condición de que aquí se conciba lo Estético como incluido en lo Religioso, elevado al nivel de lo absoluto incondicional. Y ahí reside el pecado imperdonable de Tannhäuser: no en el hecho de que practicara un poco de sexualidad libre (en ese caso, el castigo severo habría sido ridículamente desproporcionado), sino en haber elevado la sexualidad, el deseo sexual, al nivel de lo absoluto, afirmándola como el reverso inherente de lo sagrado. Por eso es por lo que los papeles de Venus y Elisabeth deberían, desde luego, ser interpretados por la misma cantante: las dos *son* una y la misma persona, la única diferencia radica en la actitud del héroe masculino hacia ella. ¿Acaso no deja esto claro la elección final que Tannhäuser tiene que hacer entre las dos? Cuando él está agonizando, Venus lo llama para que vuelva a reunirse con ella («Komm, o komm! Zu mir! Zu mir!»[9] [«¡Ven, oh ven! ¡A mí, a mí!»]); cuando se

---

9 Richard Wagner, *Tannhäuser und der Sängerkrieg auf Wartburg*, op. cit., p. 50.

aproxima a ella, Wolfram grita desde el fondo: «¡Elisabeth!», a lo que Tannhäuser replica: «¡Elisabeth!». En la puesta en escena clásica, la mención de la sagrada Elisabeth muerta da a Tannhäuser la fortaleza para evitar el abrazo de Venus, y entonces Venus se marcha enfurecida; sin embargo, ¿no sería mucho más lógico escenificarlo de tal modo que Tannhäuser continúe aproximándose a *la* misma mujer, para descubrir, cuando esté cerca de ella, que Venus es en realidad Elisabeth? El poder subversivo de este desplazamiento es el hecho de que da la vuelta al tema de la vieja poesía amorosa cortesana de la dama deslumbrantemente hermosa que, cuando uno se aproxima demasiado a ella, se revela como una repugnante entidad de carne podrida plagada de gusanos retorciéndose: aquí, la virgen sagrada se descubre en el mismo corazón de la seductora disoluta. Así que el mensaje no es la desublimación habitual («¡Cuídate de las mujeres hermosas! ¡Es un cebo engañoso que esconde la repugnante carne podrida!»), sino la inesperada sublimación, una elevación de la mujer erótica al modo de aparición de la cosa sagrada. La tensión de Tannhäuser es, por consiguiente, la tensión entre los dos aspectos de lo absoluto, lo ideal-simbólico y lo real, la ley y el *superego*. El verdadero tema de *Tannhäuser* es el de una *perturbación en el orden de la sublimación*: la sublimación comienza a oscilar entre estos dos polos.[10]

10 En la representación de *Tannhäuser* de 2002 en Bayreuth, Wolfram es excluido de la multitud al final, un mero perfil en la oscuridad, un perdedor amargado. Este detalle se basa en una ingeniosa comprensión: la de que Wolfram, este proverbial «amigo íntimo» que trata de ayudar a Tannhäuser y le posibilita que se redima a sí mismo, es, en efecto, un personaje absolutamente *malo*: el —no menos proverbial— hombre enamorado de la chica de su mejor amigo, que trata de obtenerla buscando la ruina de su amigo, mientras finge simpatía y solicitud. Wolfram es un hipócrita consumado que secretamente lleva a su mejor amigo hacia la desgracia para luego presentarse como un doliente desconsolado y un apoyo para la desafortunada muchacha.

Wagner con Kierkegaard

Veamos ahora, en qué sentido preciso *Tristán* encarna la actitud «estética» (en el sentido kierkegaardiano del término): negándose a comprometer su deseo, uno va hasta el final y acepta de buena gana la muerte. *Maestros cantores* lo contrarresta con la solución ética: la verdadera redención no consiste en seguir la pasión inmortal hasta su conclusión autodestructiva; uno debería, más bien, aprender a superarla a través de la sublimación creativa, y regresar, en un estado de ánimo de sabia resignación, a la vida «diaria» de las obligaciones simbólicas. En *Parsifal*, por último, la pasión ya no puede superarse mediante su reintegración en la sociedad, en la cual sobrevive en una forma aburguesada: uno tiene que negarla por completo en la afirmación extática de la *jouissance* religiosa. De manera que la tríada *Tristán—Maestros cantores—Parsifal* sigue una lógica precisa: *Maestros cantores* y *Tristán* representan las dos versiones opuestas de la matriz edípica, dentro de la cual *Maestros cantores* invierte a *Tristán* (el hijo le roba la mujer a la figura paterna; la pasión brota entre la figura paterna y la joven destinada a convertirse en la compañera del joven), mientras que *Parsifal* da a las mismas coordenadas un giro antiedípico: el sujeto herido que se lamenta es aquí la figura paterna (Amfortas), no el joven transgresor (Tristán). (Lo más cerca que se llega del lamento en *Maestros cantores* es la canción «Wahn, Wahn!» de Sachs en el acto III).[11] Wagner planeaba hacer que Parsifal visitara al herido Tristán en la primera mitad del acto III de *Tristán*, pero prudentemente cambió de planes: la escena no solo habría arruinado la perfecta estructura general del acto III, sino que habría escenificado también el *imposible* encuentro de un personaje con (la realidad alternativa, diferente, la versión de) *él mismo*, a la manera en la que en las narraciones de

---

11 Richard Wagner, *Die Meistersinger von Nürnberg*, Stuttgart, Reclam, 1965, p. 76.

ciencia ficción que entrañan un viaje en el tiempo yo me encuentro *conmigo mismo*. Puede descenderse a lo ridículo aquí imaginando al *tercer* héroe uniéndose a los dos: Hans Sachs (en su encarnación anterior, como el rey Marke, que llega en barco antes que Isolda), de modo que los tres (Tristán, Marke, Parsifal), representando las tres actitudes, debatan sobre sus diferencias en un contexto habermasiano de intercambio comunicativo sin distorsiones.

La manera de leer a Wagner es, por consiguiente, con una interpretación «horizontal», no «vertical»: deberíamos buscar variaciones estructurales sobre un gesto o un objeto, no directamente su significado. Kundry besando a Parsifal puede compararse con Sigfrido besando a Brunilda; el Grial con el Anillo, etcétera. El primer paso para una comprensión adecuada de la obra de Wagner es establecer las múltiples series de características que sirven como vínculos laterales entre las diferentes óperas del propio Wagner, así como entre las óperas de Wagner y las óperas de otros compositores. El rasgo que vincula a *Maestros cantores* y *Tannhäuser,* por ejemplo, es el lugar central de un certamen de canto. La idea de componer *Maestros cantores* se le ocurrió a Wagner en 1845, inmediatamente después de terminar *Tannhäuser*. ¿Qué tal un equivalente cómico al trágico concurso de canto en el centro de *Tannhäuser*? Otro pasaje hacia *Maestros cantores* parte de *Tristán*: a diferencia de esta última, en *Maestros cantores* la explosión del deseo excesivo se ve domada, contenida. Aquí es crucial el paralelismo entre el rey Marke y Hans Sachs: ambos ofrecen la mujer amada al joven; en *Tristán,* sin embargo, el ofrecimiento llega demasiado tarde (Marke se lo hace a Tristán muerto), mientras que en *Maestros cantores* el ofrecimiento es aceptado, asegurando así el resultado feliz. Nada tiene, pues, de particular que en el acto III, escena 4, de *Maestros cantores,* justo antes del sublime quinteto, se produzca el estallido de una tensión erótica casi incestuosa entre la joven Eva y la figura paternal de Hans Sachs, en el cual se menciona directamente al rey Marke:

EVA
Si tuviera elección, no escogería a nadie más que a vos; si fuerais mi esposo, os daría el premio a vos y a nadie más. Pero he sido elegida para sufrir un tormento nunca conocido, y si hoy me caso, es porque no tuve elección, porque tuve la obligación de hacerlo.

HANS SACHS
Niña mía, sé una triste historia de Tristán e Isolda. Hans Sachs es inteligente y no quiere correr la suerte del rey Marke. Ya era hora de que te encontrara un hombre apropiado.[12]

El quinteto que sigue no representa, por consiguiente, el momento de paz interior y reconciliación que precede a la lucha crucial; también marca la tensión incestuosa resuelta. Y, junto con estos versos, estoy tentado de afirmar que la tríada *Tristán – Maestros cantores – Parsifal* se reproduce en tres óperas poswagnerianas ejemplares: *Salomé* de Richard Strauss, *Turandot* de Puccini y *Moisés y Aarón* de Schönberg. ¿No es *Salomé* otra versión del resultado posible de *Tristán*? ¿Y si, al final del acto II, cuando sorprende a los amantes, el rey Marke tuviera un estallido de furia y ordenara la decapitación de Tristán? La desesperada Isolda tendría entonces la cabeza de su amante entre las manos y empezaría a besarle los labios en un *Liebestod* salomeano... (Y para añadir otra variación más sobre el vínculo virtual entre *Salomé* y *Tristán:* ¿y si, al final de *Tristán,* Isolda no simplemente muriera tras acabar su «Mild und leise»?[13] ¿Y si quedara embelesada por su inmersión en la *jouissance* extática, y el rey Marke, asqueado por ello, diera la orden: «¡Matad a esa mujer!»?). Se ha señalado muchas veces que la escena final de *Salomé* está mode-

---

12 Richard Wagner, *Die Meistersinger von Nürnberg, op. cit.*, p. 93.
13 *Id., Tristan und Isolde*, Stuttgart, Reclam, 1966, p. 79.

lada según el *Liebestod* [muerte de amor] de Isolda; sin embargo, lo que hace de ella una versión perversa del *Liebestod* wagneriano es que lo que Salomé demanda, en un acto incondicional de capricho, es besar los labios de san Juan Bautista («¡Quiero besar tus labios!»). Si *Salomé* es un equivalente de *Tristán,* entonces *Turandot* es el equivalente de *Maestros cantores:* no olvidemos que ambas son óperas sobre un concurso público, con la mujer como premio ganado por el héroe.

Salomé insiste dos veces hasta el final en su demanda: primero, insiste en que los soldados traigan a Jochanaan a su presencia; luego, tras la Danza de los Siete Velos, insiste en que el rey Herodes le traiga la cabeza de Juan en una bandeja de plata. Cuando el rey, creyendo que Juan es en realidad un santo y que por tanto es mejor no tocarlo, le ofrece a Salomé, a cambio de su danza, cualquier cosa que desee —hasta la mitad de su reino y los objetos más sagrados que posee—, pero no la cabeza (y, por lo tanto, la muerte) de Juan, ella ignora esta sucesión de ofertas cada vez mayores y simplemente repite su inexorable demanda: «Tráeme la cabeza de Juan». ¿No hay algo propiamente antigoniano en este requerimiento suyo? Como Antígona, insiste a despecho de las consecuencias. ¿No es, por tanto, Salomé, en cierto modo, lo mismo que Antígona, la encarnación de cierta actitud ética? No sorprende que se sienta tan atraída por Juan: se trata de un santo que reconoce a otro. ¿Y cómo pasar por alto el hecho de que, al final de la obra de Oscar Wilde en que se basa la ópera de Strauss, tras besar la cabeza de Jochanaan, haga un comentario propiamente cristiano sobre cómo esto prueba que el amor es más fuerte que la muerte, que el amor puede vencer a la muerte?

¿Cuál, pues, sería el equivalente de *Parsifal?* Desde el mismo comienzo, *Parsifal* fue percibido como una obra absolutamente ambigua: el intento de colocar al arte en lo más alto, el espectáculo protorreligioso que une a la comunidad (el arte como el mediador entre la religión y la política), contra la corrupción utilitarista de la vida moderna, con su comercializada cultura *kitsch,* pero al mismo tiempo desviándose hacia un comercializado *kitsch* estético de una religión sucedánea: un fraude, si es que alguna vez ha habido uno. En otras palabras, el problema de *Parsifal* no es el dualismo sin mediaciones de su universo (el reino de Klingsor de los falsos placeres *versus* el sagrado dominio del Grial), sino, más bien, la falta de distancia, la identidad última, de sus opuestos: ¿no es el ritual del Grial (que produce el más satisfactorio espectáculo estético de la obra, sus dos «impactos mayores») el último fraude «klingsoriano»? (La mancha de la mala fe en nuestro goce de *Parsifal* es similar a la mala fe en nuestro goce de Puccini).

El problema central de *Parsifal* es el de una ceremonia (ritual): ¿cómo es posible realizar un ritual en condiciones donde no hay trascendencia que lo garantice? ¿Como un espectáculo estético? El enigma está aquí: ¿cuáles son los límites y contornos de una ceremonia? ¿Es la ceremonia solo aquello que Amfortas no puede realizar, o es parte de la ceremonia también el espectáculo de su queja, resistencia y aquiescencia final para realizar la ceremonia? En otras palabras, ¿no son las dos grandes quejas de Amfortas altamente ceremoniales, ritualizadas? ¿No es parte de un ritual incluso la llegada «inesperada» de Parsifal para sustituirlo (quien, sin embargo, llega justo a tiempo, es decir, en el momento adecuado, cuando la tensión es máxima)?

¿No encontramos un ritual también en *Tristán,* en el gran dúo que ocupa la mayor parte del acto II? La larga parte introductoria consiste en el divagar emocional de la pareja, y el ritual propiamente dicho comienza con «So stürben wir, um ungetrennt...» [Así moriríamos, indivisos],[14] con su repentino cambio a un modo declamatorio: a partir de este punto, ya no son los dos individuos quienes cantan, es un Otro ceremonial el que

---

14   Richard Wagner, *Tristan und Isolde, op. cit.,* p. 51.

toma el relevo. Siempre se debe tener en cuenta esta característica que perturba la oposición estricta entre los dominios del Día (obligaciones simbólicas) y de la Noche (pasión sin fin): el punto culminante de la *Lujuria*, la inmersión en la Noche, está en sí mismo altamente ritualizado, toma la forma de su opuesto, de un ritual estilizado.

¿Y no es este problema de una ceremonia (liturgia) el problema también de todos los procesos revolucionarios, desde la Revolución francesa, con sus espectáculos del pueblo, hasta la Revolución de Octubre? Recordemos la representación escenificada del «Asalto al Palacio de Invierno» en Petrogrado, en el tercer aniversario de la Revolución de Octubre, el 7 de noviembre de 1920. Decenas de miles de obreros, soldados, estudiantes y artistas trabajaron sin descanso, alimentándose de *kasha* (unas insípidas gachas de trigo), té y manzanas congeladas, y prepararon la representación en el mismo lugar donde «se desarrollaron realmente» los acontecimientos tres años antes; su trabajo estaba coordinado por oficiales del ejército, así como por artistas, músicos y directores de vanguardia, desde Malévich hasta Meyerhold. Aunque se trataba de una actuación y no de la «realidad», los soldados y marineros se estaban representando a sí mismos, ya que muchos de ellos no solo habían participado de verdad en los acontecimientos de 1917, sino que estaban a su vez involucrados en las batallas reales de la guerra civil que proseguía encarnizadamente en las inmediatas proximidades de Petrogrado, una ciudad en estado de sitio y que sufría una grave carestía de alimentos. Un contemporáneo comentó con respecto a la representación: «El historiador del futuro hará constar que, desde el principio hasta el final de una de las revoluciones más cruentas y brutales, toda Rusia estaba actuando»;[15] y el teórico formalista Víktor Shklovski señaló que

---

15 Citado en Susan Buck-Morss, *Dreamworld and Catastrophe*, Cambridge (MA), The MIT Press, 2000, p. 144.

«se está produciendo algún tipo de proceso elemental en el que el tejido vivo de la vida se está volviendo teatral».[16] ¿Por qué es necesaria esta liturgia? Precisamente por la precedencia que tiene el sinsentido sobre el sentido: la liturgia es el marco simbólico en el que se articula el grado cero del sentido. La experiencia cero del sentido no es la experiencia de un sentido determinado, sino la ausencia de sentido o, más exactamente, la frustrante experiencia de estar seguro de que algo tiene un sentido, pero no saber cuál es. *Esta vaga presencia de un sentido no específico es un sentido «como tal», un sentido en su máxima expresión:* es primario, no secundario; en otras palabras, todo sentido determinado llega secundariamente, como un intento por llenar la opresiva presencia-ausencia de la existencia (el estar ahí) del sentido despojado de la especificidad, de esencia (de lo que es). Así pues, no hay ninguna oposición entre la liturgia (ceremonia) y la apertura-ruptura histórica: lejos de ser un obstáculo para el cambio, la liturgia mantiene abierto el espacio para el cambio radical, en la medida en que sostiene el sinsentido significante que reclama nuevas invenciones de sentido (determinado).

En otras palabras, lejos de ser un obstáculo para la experiencia viva del sentido, la presencia de tales «significantes enigmáticos» que emanan un significado desconocido; es decir, este mismo obstáculo para una transparencia plena del significado es lo que hace que un espacio simbólico dado esté verdaderamente vivo, comprometido en una lucha apasionada por desenterrar el significado, es la fuente última de su vitalidad. Una vez que este obstáculo se elimina (o, mejor dicho, se domestica), una vez que nos acostumbramos por completo a un espacio simbólico, de modo que este espacio pierde su enigmática opacidad y comienza a funcionar de un modo totalmente fluido y transparente, en

16 Citado en Susan Buck-Morss, *Dreamworld and Catastrophe, op. cit.*, p. 144.

cierto modo muere; como ya sabía Hegel, un sistema puede morir no solo a causa de choques externos que perturban su funcionamiento, sino también por su total «habituación»: «El hombre también muere por hábito, es decir, cuando se ha habituado completamente a la vida y ha devenido física y espiritualmente apático».[17] ¿Qué ocurre entonces con los casos —ejemplos de ellos son los de un sujeto moderno que se enfrenta a jeroglíficos— en los que el significante del que sabemos que tiene un significado sin saber cuál es ese significado, pertenece a una civilización pasada en la que su significado se entendía claramente? En tales casos (analizados por Eric Santner),[18] el significante enigmático no es en efecto un índice de vitalidad, sino del hecho de que una forma de vida está muerta. En un movimiento interpretativo poderoso y perspicaz, Santner vincula tales experiencias con la noción benjaminiana de «historia natural» como historia renaturalizada: tiene lugar cuando los artefactos históricos pierden su vitalidad significativa y son percibidos como objetos muertos reclamados por la naturaleza o, en el mejor de los casos, como monumentos de una cultura muerta pasada. (Para Benjamin, es al enfrentarnos a tales monumentos muertos de la historia humana recuperados por la naturaleza cuando experimentamos la historia en su estado más puro). La paradoja aquí es que esta renaturalización se superpone con su opuesto, con la desnaturalización: dado que la cultura es para nosotros nuestra «segunda naturaleza», dado que habitamos en una cultura viva, experimentando la cultura como nuestro hábitat natural, la renaturalización de los artefactos culturales equivale a su desnaturalización: privados de su función dentro de una totalidad viva de significado, habitan en un interespacio entre la naturaleza y la

---

17 Georg Wilhelm Friedrich Hegel, *Principios de la filosofía del derecho*, trad. J. L. Vermal, Buenos Aires, Sudamericana, 2004, § 151, p. 162.

18 Véase Eric Santner, *On Creaturely Life: Rilke, Benjamin, Sebald*, Chicago, University of Chicago Press, 2006.

cultura, entre la vida y la muerte, llevando una existencia fantasmal, sin pertenecer ni a la naturaleza ni a la cultura, apareciendo como algo similar a la monstruosidad de los fenómenos naturales, como una vaca con dos cabezas y tres patas. Así pues, ¿cómo vamos a distinguir estos dos modos de significantes enigmáticos: los significantes que sostienen la vitalidad de un espacio simbólico (su apertura está orientada hacia el futuro, desencadenan la generación de nuevos significados), y los significantes que son los restos de un espacio simbólico muerto, es decir, cuya apertura está orientada hacia el pasado (son indeterminados porque ya no conocemos su significado)? Un enfoque kleiniano identificaría, por supuesto, a estos últimos como las ruinas del cuerpo materno perdido: todos vivimos en las ruinas del cuerpo materno que, en su totalidad incestuosa, se vuelve prohibido al entrar en la cultura. (¿Y acaso Lacan no define también el Nombre-del-Padre, ese enigmático significante vacío por excelencia, como la metáfora del deseo de la madre; es decir, como el sustituto significante del Objeto incestuoso primordialmente perdido?). Desde esta perspectiva, el significante de la muerte es primordial con respecto al significante de la vitalidad: toda nuestra productividad orientada hacia el futuro, todos nuestros intentos de generar nuevos significados, son en última instancia una forma de aparición de su opuesto, de un anhelo de recuperar la Cosa incestuosa perdida... en la medida en que habitamos en la cultura, efectivamente vivimos entre ruinas, entre los dispersos fragmentos-restos de la *jouissance* perdida.

Por esta razón, *Parsifal* fue el traumático punto de partida que nos permite concebir la multitud de óperas posteriores como reacciones a ella, como intentos de resolver su callejón sin salida. La más significativa entre estos intentos es, por supuesto, *Moisés y Aarón* de Schönberg, la principal candidata al título de «la última ópera», la metaópera sobre las condiciones de (im)posibilidad de la ópera: la repentina ruptura al final del acto II, tras el desesperado

«O Wort, das mir fehlt!» [Oh palabra, palabra que me faltas] de Moisés; el fracaso mismo en componer la obra hasta el final. *Moisés y Aarón* es, en efecto, anti-*Parsifal*: mientras *Parsifal* mantiene una confianza plena e ingenua en el poder (redentor) de la música, y no encuentra problemas en representar la dimensión divina nouménica en el espectáculo estético del ritual, *Moisés y Aarón* intenta lo imposible: ser una ópera dirigida contra el propio principio de la ópera, el del espectáculo musical escénico; es una representación operística de la prohibición judía de la representación estética.

¿No es la música optimista del Becerro de Oro la versión última de la música de bacanal en Wagner; desde *Tannhäuser* hasta la música de las Muchachas Flor en *Parsifal*? ¿Y no existe otro paralelismo clave entre *Parsifal* y *Moisés y Aarón*? Como señaló Adorno, la tensión última en *Moisés* no se da simplemente entre la trascendencia divina y su representación en la música, sino que está inherentemente presente en la propia música, entre el espíritu «coral» de la comunidad religiosa y los dos individuos (Moisés y Aarón) que se destacan como sujetos; de la misma manera, en *Parsifal*, Amfortas y el propio Parsifal destacan como individuos enérgicos: ¿no son los dos «lamentos» de Amfortas los pasajes más poderosos de *Parsifal*, con lo que socavan implícitamente el mensaje de la renuncia a la subjetividad? La oposición musical entre el claro estilo coral de la comunidad del Grial y el cromatismo del universo de Klingsor en *Parsifal* se radicaliza en *Moisés y Aarón*, disfrazada de la oposición entre la *Sprechstimme* [canción hablada] de Moisés y la canción plena de Aarón; en ambos casos, la tensión no se resuelve.

Lo que debería tenerse siempre en cuenta a propósito de *Moisés y Aarón* de Schönberg es que se trata de una secuela de otro proyecto operístico que, aunque ocupándose del mismo problema, no pasó del estado de borrador: *El camino bíblico*, un drama musical sobre el destino del pueblo judío. A fin de recuperar una nueva patria, los judíos colonizan un país africano; cuando se ven amenazados por la rebelión de la población autóctona, desarrollan una misteriosa arma nueva de destrucción masiva (rayos mortales que asfixian a todos los seres vivos): ¿cómo debemos ubicar *esta* fantasía, en su mayor parte elegantemente ignorada en la literatura sobre Schönberg? Aunque, en el planeado final del drama, los judíos renuncian al empleo de tal arma, esta renuncia tiene lugar en lo que es indudablemente el caso más extraño de la *Aufhebung* [conservar-poner fin] hegeliana de la destrucción brutal en conquista espiritual: los judíos prometen que, en lugar de utilizar los rayos mortales, solo irradiarán el poder espiritual de su pura creencia; en resumen, la propagación de su creencia es la forma sublimada de la guerra química mortal...[19]

Schönberg imaginó a un líder que tratase de incorporar elementos de Moisés, el portador del mensaje divino que tenía un defecto del habla, y de Aarón, un activista político que sabía cómo preparar al pueblo para el cumplimiento de sus sueños, no rehuyendo la «realización de milagros» y planeando una lucha real por la posesión de la tierra. *Moisés y Aarón*, por consiguiente, sigue *El camino bíblico:* primero llegamos a la síntesis, luego a su fracaso. Max Aruns, el héroe de *El camino* es (como ya indica el sonido de su nombre) la síntesis imposible de Moisés y Aarón, y, en el desarrollo de Schönberg, «Uno se divide en Dos»: Max Aruns se escinde en Moisés y Aarón.

En la obra de Schönberg, los exiliados pasan primero por un periodo de maduración en una tierra de preparación, como hicieron los hebreos en el desierto. Schönberg llama a esta tierra Asmongaea, y el gobernante de ese pueblo promete a Max Aruns protección y ayuda para su pueblo. En un intercambio entre Max Aruns (el astuto pensador político) y un viejo escéptico, el diálogo suena profético: «La gente no puede posicionarse en un país ha-

---

19   Véase Arnold Schönberg, «Der biblische Weg», *Journal of the Arnold Schoenberg Institute*, vol. XVII, n.° 1-2 (1994), ed. Paul Zukofsky, pp. 162-328.

bitado por enemigos», dice Aruns (que ha elegido una especie de Nueva Palestina como territorio para reunir a los exiliados).

En una vehemente alocución pronunciada en el «Centro de Inmigración», Aruns afirma: «Como hizo por los hebreos en Jericó, Dios nos ha dado una poderosa arma con la que vencer a nuestros enemigos: ¡tenemos nuestras propias trompetas de Jericó! Un invento [...] nos permite dirigir rayos a cualquier punto del globo y a cualquier distancia, rayos que absorben el oxígeno del aire y asfixian a todas las criaturas vivas».²⁰ (Esto se escribió en 1926). Cuando las relaciones con el país anfitrión se complican, las masas judías se sublevan, Aruns es derrocado y el joven Guido asume el papel del Josué bíblico. Él llevará a la nación a la Tierra Prometida; y

> por poco que sea nuestra intención enviar estos recientemente descubiertos y mortíferos rayos de poder material, por poco que sea nuestra intención buscar venganza o emplear la violencia contra cualquier nación, ya, por el contrario, tenemos la intención de irradiar [...] el mundo [con] los iluminadores rayos de nuestra creencia [...] a fin de que puedan alumbrar una nueva vida espiritual. [...] Tenemos una meta inmediata: queremos sentirnos seguros como nación. Queremos estar seguros de que nadie pueda obligarnos a hacer nada, de que nadie pueda impedirnos hacer nada.²¹

La profunda ambigüedad de esta solución la indica la misma persistencia del significante «radiación»: en una especie de *Aufhebung* seudohegeliana, la irradiación químico-bélica es interiorizada y espiritualizada en la irradiación de la espiritualidad judía en otros. Sin embargo, ¿cómo «se sentirán seguros como nación»

20 Arnold Schönberg, «Der biblische Weg», *op. cit.*, p. 239.
21 *Ibid.*, p. 327.

los judíos si no es gracias a una especie de defensa militar que garantice el lugar desde el que puedan irradiar su espiritualidad? Si no otra cosa, los judíos tendrán que confiar en los rayos mortíferos como amenaza permanente que garantice su seguridad: no tenemos intención de usarlos jamás, pero los tenemos...

¿Qué puede seguir, pues, a esta ruptura? Es aquí donde estoy tentado de volver a nuestro punto de partida: a la comedia rossiniana. Tras el completo desmoronamiento de la subjetividad expresiva, la comedia resurge... pero es una clase de comedia extraña, siniestra. Lo que viene después de *Moisés y Aarón* es la imbécil *Sprechgesang* [canción hablada] «cómica» de *Pierrot Lunaire,* la sonrisa de un demente tan devastado por el dolor que no puede siquiera percibir su tragedia: como la sonrisa de un gato de dibujos animados con pájaros volando alrededor de su cabeza tras haber sido golpeado con un martillo en la cabeza. La comedia entra cuando la situación es demasiado aterradora para ser traducida como tragedia... Que es por lo que la única manera apropiada de hacer una película sobre los campos de concentración es una comedia: hay algo de fraudulento en la realización de una tragedia sobre los campos de concentración.

Wagner como teórico del fascismo

Quizá una lectura así nos permita también arrojar nueva luz sobre el vínculo entre *Parsifal* y *El anillo.* En la figura única de Hagen, *El anillo* también presenta el primer retrato de lo que luego emergerá como el líder fascista; sin embargo, puesto que el mundo de *El anillo* está atrapado en el conflicto edípico de pasiones familiares, no puede siquiera abordar el verdadero problema de cómo la nueva humanidad que nos mira al final, tras el crepúsculo de los dioses, ha de organizarse a sí misma, o de cómo debería aprender la verdad sobre su lugar; *esta* es la tarea de *Parsifal,* que, por lo tanto, lógicamente sigue a *El anillo*. El conflicto entre las dinámicas edípicas y el universo posedípico está inscrito en *Parsifal* mismo: las aventuras de Klingsor y Amfortas son edípicas, de manera que lo que ocurre con el gran viraje de Parsifal (su rechazo de Kundry) es precisamente que él deja atrás el erotismo incestuoso edípico, abriéndose a una nueva comunidad.

La oscura figura de Hagen es profundamente ambivalente: aunque inicialmente descrito como un oscuro conspirador, tanto en el *Cantar de los nibelungos* como en la película de Fritz Lang aparece como el principal héroe de toda la obra y al final es redimido como el caso supremo de la *Nibelungentreue,* la fidelidad a la causa de uno hasta la muerte (o, más bien, al Amo que representa esta causa), afirmado en la masacre final en la Corte de Atila. El conflicto aquí se produce entre la fidelidad al Amo y nuestras obligaciones morales cotidianas: Hagen representa una especie de suspensión teleológica de la moralidad en favor de la fidelidad; él es el definitivo *Gefolgsmann* [vasallo].

Significativamente, es *solo* Wagner quien describe a Hagen como una figura del Mal: ¿no es esto una indicación de cómo Wagner, no obstante, pertenece al plano moderno de la libertad? ¿Y no es el regreso de Lang al Hagen positivo un indicio de cómo el siglo XX marcó la reaparición de una nueva barbarie? Fue el genio de Wagner el que intuyó proféticamente la figura emergente del despiadado ejecutivo fascista que es al mismo tiempo un demagogo agitador de las masas (recuérdese el aterrador *Männerruf* [llamado de los hombres] de Hagen): un digno complemento de su otra gran intuición, la de una mujer histérica (Kundry), mucho antes de que esta figura abrumara la consciencia europea (en la clínica de Jean-Martin Charcot; en el arte, desde Ibsen hasta Schönberg).

Lo que hace de Hagen un «protofascista» es su papel de apoyo incondicional del débil gobernante (el rey Gunther): él hace por Gunther los «trabajos sucios» que, aunque necesarios, tienen que

permanecer ocultos a la mirada pública... «Unsere Ehre heißt
Treue» [nuestro honor se llama lealtad]. En cuanto tal, Hagen no
es «el falo de Gunther»: es, más bien, Sigfrido mismo quien, obviamente, asume este papel al vencer, domesticar y raptar a Brunilda para él; lo que lo hace fálico es el mismo hecho de que
actúa como el doble espectral de Gunther. (Cuando en el reciente
superventas alemán *Hagen von Tronje,* de Wolfgang Hohlbein,[22]
Hagen es plenamente rehabilitado al final, no deberíamos leer
esto como una afirmación de autoritarismo nazi, sino más bien
como el rechazo del culto al héroe de Sigfrido: el Hagen de Hohlbein es una persona compleja y profundamente enamorada de
Kriemhild. En otras palabras, lo que aquí tenemos es una «psico-
logización» de Hagen al precio de su rehabilitación: algo parecido
a lo que John Updike hizo en su *Gertrudis y Claudio*).[23]

Esta actitud, una especie de inversión especular del alma bella
que se niega a mancharse las manos, la encontramos en su forma
más pura en la admiración derechista por los héroes que están
dispuestos a hacer el necesario trabajo sucio; es fácil hacer algo
noble por el país de uno, hasta sacrificar la vida propia por él; es
mucho más difícil cometer un *crimen* por el país de uno cuando
se necesita... Hitler supo muy bien cómo jugar este doble juego
a propósito del Holocausto, utilizando a Himmler como su Hagen. En el discurso pronunciado ante los líderes de las SS en
Posen el 4 de octubre de 1943, Himmler habló bastante abiertamente sobre el asesinato masivo de judíos como una «gloriosa
página de nuestra historia, la cual nunca ha sido escrita ni puede
escribirse nunca», incluyendo explícitamente el asesinato de mujeres y niños: «No me consideré a mí mismo tan justificado para
exterminar a los hombres —es decir, matarlos o hacerlos matar—
y permitir que los vengadores en forma de niños crecieran junto

22 Wolfgang Hohlbein, *Hagen von Tronje: ein Nibelungen-Roman*, Viena,
Carl Ueberreuter Verlag, 1986.
23 John Updike, *Gertrudis y Claudio*, Barcelona, Tusquets, 2001.

a nuestros hijos y nietos. Hubo de tomarse la difícil decisión de hacer desaparecer a estas personas de la faz de la tierra».[24] Esta es la *Treue* [lealtad] de Hagen llevada al extremo: ¿no fue, sin embargo, su *Justifizierung* [justificación] el paradójico precio por el negativo retrato de Hagen realizado por Wagner? Mucho trabajo historicista reciente ha tratado de hacer aflorar el «verdadero significado» contextual de las figuras y temas wagnerianos: el pálido Hagen es en realidad un judío que se masturba; la herida de Amfortas es en realidad la sífilis... La idea es que Wagner está movilizando códigos históricos conocidos por todos en su época: cuando una persona tropieza, canta en notas agudas rotas, hace gestos nerviosos, etcétera, «todos saben» que se trata de un judío, de modo que el Mime de *Sigfrido* es la caricatura de un judío; el miedo a la sífilis como una enfermedad en las ingles causada por el contacto sexual con una mujer «impura» era una obsesión en la segunda mitad del siglo XIX, de modo que estaba «claro para todos» que Amfortas en realidad había sido contagiado de sífilis por Kundry... Marc Weiner desarrolló la versión más clara de esta decodificación centrándose en la microestructura de los dramas musicales de Wagner: manera de cantar, gestos, olores... Es en este nivel de lo que Deleuze habría llamado los afectos presubjetivos donde se manifiesta el antisemitismo en las óperas de Wagner, incluso si los judíos no son mencionados explícitamente: en la forma en que canta Beckmesser, en la manera en que se lamenta Mime.

Marxismo contra historicismo

El primer problema aquí, sin embargo, es que tales intuiciones, incluso si son acertadas, no contribuyen demasiado a una com-

---

24 Heinrich Himmler, *Geheimreden 1933 bis 1945 und andere Ansprachen*, ed. por Bradley F. Smith y Agnes F. Peterson, Berlín, Propyläen Verlag, 1974, p. 169.

prensión pertinente de la obra en cuestión. Con frecuencia oímos que para entender una obra de arte necesitamos conocer su contexto histórico. Contra este lugar común historicista, deberíamos argüir que un exceso de contexto histórico puede desdibujar el contacto apropiado con una obra de arte: a fin de comprender apropiadamente, por ejemplo, *Parsifal,* deberíamos hacer *abstracción* de tales trivialidades historicistas, *descontextualizar* la obra, arrancarla del contexto en que fue originalmente incrustada. Incluso más, es la obra de arte misma la que proporciona un contexto que nos permite comprender adecuadamente una situación histórica dada. Si alguien visitara Serbia hoy, el contacto directo con los datos crudos lo dejaría confundido. No obstante, si leyera un par de obras literarias o viera un par de películas representativas, estas, desde luego, le proporcionarían el contexto que le permitiría situar y comprender los datos crudos de su experiencia. Hay, por consiguiente, una verdad inesperada en el viejo y cínico proverbio de la Unión Soviética estalinista: «¡Miente como un testigo!».

Existe otro problema más fundamental con esta decodificación historicista: no basta con «decodificar» a Alberich, Mime, Hagen, etcétera, como judíos, afirmando que *El anillo* es un gran tratado antisemita, una historia sobre cómo los judíos, al renunciar al amor y optar por el poder, trajeron corrupción al universo; el hecho básico es que *la figura antisemita del judío en sí misma no es un referente último directo, sino que está ya codificada, es una cifra de antagonismos ideológicos y sociales.* (Y lo mismo ocurre con la sífilis: en la segunda mitad del siglo XIX, era, junto con la tuberculosis, el otro gran caso de la «enfermedad como metáfora»,[25] y servía como mensaje codificado sobre los antagonismos sociosexuales; y esta es la razón por la cual la gente estaba tan obsesionadas con ella: no por su amenaza real directa, sino por la inversión ideo-

25 Susan Sontag, *La enfermedad y sus metáforas*, trad. de M. Muchnik, Barcelona, Debolsillo, 2012.

lógica adicional en ella). Una lectura adecuada de Wagner debería tener en cuenta este hecho y no meramente «decodificar» a Alberich como judío, sino también preguntarse: *¿cómo la codificación de Wagner se refiere al antagonismo social «original» del cual (la figura antisemítica de) el «judío» mismo es ya una cifra?* Lo que complica el panorama es, por tanto, su estructura circular: mientras que la figura del «judío» es el referente codificado en la condena que hace Wagner de la lujuria por el poder y la riqueza, etcétera, el contenido social de la figura-cifra «el judío» es, una vez más, el ansia capitalista de riqueza (lo que la referencia a la «conspiración judía» proporciona es una especie de genealogía falsa naturalizada del capitalismo). Así, no hay necesidad de buscar otro contenido «más profundo» oculto bajo la figura de «el judío»: todo está aquí, solo se debe cambiar la perspectiva hacia la dinámica capitalista, discerniendo en ella una cifra de esta dinámica.

Otro contraargumento es que Sigfrido, oponente de Mime, no es simplemente el bello héroe ario rubio: su retrato es mucho más ambiguo. La breve escena final del acto I de *El ocaso de los dioses* (el violento secuestro de Brunilda llevado a cabo por Sigfrido; cubierto con el *Tarnhelm,* Sigfrido se hace pasar por Gunther) es un interludio impactante de brutalidad extrema y cualidad pesadillesca y fantasmal. Lo que la hace aún más interesante es una de las grandes inconsistencias de *El anillo:* ¿por qué Sigfrido, después de someter brutalmente a Brunilda, coloca su espada entre los dos cuando se acuestan, para demostrar que no tendrán relaciones sexuales, ya que solo está haciendo un favor a un amigo, el débil rey Gunther? *¿A quién* tiene que probarle esto? ¿No se supone que Brunilda cree que él *es* Gunther? Antes de ser sometida, Brunilda muestra al Sigfrido enmascarado la mano con el anillo, confiando en que el anillo le servirá de protección; cuando Sigfrido arranca brutalmente el anillo de su mano, este gesto debe leerse como la repetición del primer robo extremadamente violento del anillo en la escena cuarta de *El oro del Rin,* cuando

Wotan arranca el anillo de la mano de Alberich. El horror de
esta escena es que muestra la brutalidad de Sigfrido desnuda, en
su estado crudo: de alguna manera, «despsicologiza» a Sigfrido,
revelándolo como un monstruo inhumano, esto es, tal como
«realmente es», privado de su máscara engañosa: *este* es el efecto
de la poción sobre él.[26]

En efecto, en el Sigfrido de Wagner hay una irrestricta agre-
sividad «inocente», una urgencia de pasar directamente a la acción
y simplemente seguir adelante aplastando todo lo que a uno le
ataque los nervios... Como en las palabras que dirige Sigfrido a
Mime en el acto I de *Sigfrido:* «Si te veo quieto o marchar co-
jeando, encorvado y gibado, guiñando los ojos, incitas a tomarte
del cuello, contrahecho, y darte un empujón». El sonido en el
alemán original es aún más impresionante.[27] El mismo estallido
se repite dos veces en el segundo acto: *«Das eklige Nicken / Und
Augenzwicken, / Wann endlich soll ich's / Nicht mehr sehn, / Wann
werd ich den Albernen los?»*[28] [«Ese asqueroso asentir / Y ese guiñar
de ojos, / ¿Cuándo, al fin, dejaré de verlo? / ¿Cuándo me libraré de
este necio?»] y, apenas un poco después: *«Grade so garstig, / Griesig
und grau, / Klein und krumm, / Höckrig und hinkend, / Mit hängenden
Ohren, / Triefigen Augen— / Fort mit dem Alb! / Ich mag ihn nicht
mehr sehn»*[29] [«Sería feo, moreno, repulsivo, enano, torcido, giboso
y cojo; tendría orejas colgantes y ojos llorosos. ¡Basta con el
monstruo! ¡No quiero volver a verlo!»]. ¿No es este el disgusto

---

26   ¿No apunta la idea de Wotan sobre Sigfrido en *El anillo* —solo un
ser humano libre, concebido contra la voluntad de los dioses y no sujeto a sus
leyes, puede redimirlos de su culpa— también hacia una dimensión cristoló-
gica? ¿No es Sigfrido el hombre que se sacrifica por culpa de los dioses?
27   «Seh'ich dich stehn, gangeln und gehn, / Knicken und nicken, Mit
den Augen zwicken, / Beim Genick möcht'ich den Nicker packen, / Den
Garaus geben dem garst'gen Zwicker!». Richard Wagner, *Der Ring des Nibelungen. Siegfried*, Stuttgart, Reclam, 1963, p. 17.
28   *Ibid.*, p. 53.
29   *Ibid.*, p. 55.

más elemental, la repulsión del ego cuando se enfrenta a un cuerpo ajeno intruso? Podemos fácilmente imaginar a un *skinhead* [cabeza rapada] neonazi diciéndole exactamente las mismas palabras a un exhausto *Gastarbeiter* [trabajador invitado] turco...[30] Finalmente, no deberíamos olvidar que, en *El anillo*, el origen de todo el mal no es la fatal elección de Alberich en la primera escena de *El oro del Rin:* mucho antes de que este acontecimiento tuviera lugar, Wotan perturbó el equilibrio de la naturaleza, sucumbiendo a la atracción del poder, dando preferencia al poder sobre el amor: arrancó y destruyó el Árbol del Mundo, transformándolo en una lanza sobre la que inscribió las runas que establecían las leyes de su gobierno; también se sacó un ojo a fin de ganar en comprensión de la verdad interior. De manera que el mal no viene del exterior: de lo que se informa en el trágico «monólogo con Brunilda» de Wotan en el acto II de *La valquiria* es de que el poder de Alberich y la perspectiva del «final del mundo» es en último término la propia culpa de Wotan, el resultado de este fiasco ético... En términos hegelianos, la oposición externa es el efecto de la contradicción interna.[31] Nada tiene,

30   Cuando, en *El caso Wagner*, Nietzsche rechaza burlonamente el universo de Wagner, ¿no se refiere su estilo a estas líneas? Wagner mismo era para él una figura repulsiva de esa clase... Y hay una especie de justicia poética en ello, pues Mime es, en efecto, el autorretrato irónico de Wagner.

31   Teniendo en cuenta la resucitación por Catherine Malabou de la noción de plasticidad (*El porvenir de Hegel: plasticidad, temporalidad, dialéctica* [1996], trad. C. Durán, Buenos Aires, Palinodia, La Cebra, 2013) como la unidad de la forma informadora y receptora, de la actividad y la pasividad, de la constancia y el cambio, de la necesidad y la contingencia, uno debería reafirmar la solidaridad y la continuidad más profundas entre Hegel y Wagner, más allá del punto crítico estándar (y bastante aburrido, por cierto) según el cual la *Gesamtkunstwerk* [obra que integra todas las artes] wagneriana es una repetición de los últimos días, en el medio de las artes, del Sistema del Saber Absoluto hegeliano que todo lo abarca. Hegel y Wagner comparten la plasticidad minuciosa de sus obras: ¿qué es la «melodía interminable» de Wagner, con su continua transformación de motivos unos en otros, con su combinación única de continuidad y cortes, de un desarrollo que sigue su necesidad interna y las

pues, de extraño que a Wotan se le llame el «*Alb* Blanco», en contraste con el «*Alb* Negro», Alberich; si acaso, la elección de Wotan fue éticamente peor que la de Alberich: Alberich ansiaba el amor, y se orientó hacia el poder solo después de haber sido objeto de burlas brutales y haber descendido al encuentro con las Hijas del Rin, mientras que Wotan se orientó hacia el poder después de haber gozado plenamente de los frutos del amor y haberse cansado de ellos. Deberíamos también tener en cuenta que, tras su fiasco moral en *La valquiria,* Wotan se convierte en «El Caminante»: una figura del Judío Errante, como el primer gran héroe wagneriano, el Holandés Errante, este «Ahasverus des Ozeans» [Asuero de los mares].

Lo mismo vale para *Parsifal,* que no trata de un círculo elitista de puros de sangre amenazados por la contaminación externa (la cópula con la judía Kundry). Hay dos complicaciones en esta imagen: en primer lugar, Klingsor, el maléfico mago y el amo de Kundry, es él mismo un excaballero del Grial, viene de dentro; en segundo lugar, si leemos el texto detenidamente, no podemos evitar la conclusión de que la verdadera fuente del mal, el desequilibrio primordial que hizo descarrilar a la comunidad del Grial, reside en su mismo centro. Es la excesiva fijación de Titurel con el disfrute del Grial lo que se halla en el origen de la desgracia. La verdadera figura del Mal es Titurel, este obsceno *père-jouisseur* (quizá comparable a los miembros parecidos a gusanos gigantes de la Cofradía Espacial de *Dune,* de Frank Herbert, cuyos cuerpos están repugnantemente deformados debido a su excesivo consumo de la «Especia»). En la magnífica producción de la English National Opera de *Parsifal*[32] de Nikolaus Lehnhoff, que tiene lugar en un desolado entorno gris y polvoriento poscatástrofe, Titurel emerge del agujero cuadrado en el suelo; es un

---

imprevisibles erupciones de lo nuevo, sino plasticidad artística en su máxima expresión?

32 Publicada en DVD en 2005.

monstruo parecido a una rana, cubierto en su totalidad de escamas de color gris verdoso, con piel entre las tres largas garras de cada mano y por boca un gigantesco hocico retorcido, obviamente modelado según la «criatura de la laguna negra» del famoso clásico de terror de bajo presupuesto de principios de los años cincuenta. Y Titurel es, en efecto, una especie de «criatura de la laguna negra», una repugnante criatura deforme que, de vez en cuando, se arrastra hasta la superficie desde algún oscuro dominio subterráneo no identificado, repitiendo siempre el mismo mensaje, una cruel exigencia a su hijo herido Amfortas para que realice el ritual y desvele el Grial, de modo que esta obscena criatura de padre pueda obtener una parte de su obsceno goce. Si alguien tiene la tentación de descartar semejante lectura de Parsifal como otra divertida falsificación «posmoderna» («¿No es obvio que Titurel es una figura de santa pureza, totalmente dedicada al Grial?»), baste tener en cuenta un hecho evidente: no hay compasión (*Mitleid*) en esta figura cuando insiste cruelmente en su demanda, ignorando las súplicas desesperadas de Amfortas y sus protestas por un dolor insoportable: «No me importa; ¡limítate a hacer tu trabajo y realiza el ritual!».Y esta falta de compasión, esta brutal insensibilidad ante el dolor, se da en *Parsifal*, que es la máxima celebración del papel redentor de la compasión («durch Mitleid wissend», llegar al conocimiento crucial a través de la compasión). Aquí hay que disipar otro cliché: la noción de que la decadente comunidad del Grial representa la osificada institución ideológica vaciada de vida. El verdadero problema de la comunidad del Grial en *Parsifal* es que contiene demasiada vida —no, por supuesto, la vida ordinaria, sino una obscena vida «malsana» encarnada en Titurel, en la extraña «no-muerte» de este muerto viviente.

Esto, pues, socava la perspectiva antisemita según la cual la perturbación siempre proviene en último término del exterior, disfrazada de un cuerpo ajeno que disloca el equilibrio del organismo social: para Wagner, el intruso social (Alberich) es meramente una repetición secundaria, la exteriorización, de una inconsistencia / antagonismo (de Wotan) absolutamente inmanente. En referencia al famoso «¿Qué es el robo de un banco comparado con la fundación de un nuevo banco?» de Brecht, estoy tentado de preguntar: «¿Qué es el robo del oro por un pobre judío comparado con la violencia de la instauración del imperio de la Ley por parte del Ario (Wotan)?».

Esto nos devuelve al antisemitismo de Wagner: cuando se defiende a Wagner en el sentido de «las obras del siglo XIX no deberían juzgarse retroactivamente, proyectando sobre ellas la sombra del Holocausto», la respuesta debería ser que aquí, precisamente, deberíamos aplicar la noción benjaminiana de que algunos textos son como una textura inacabada de huellas, o de películas no reveladas que solo se vuelven legibles después, en una época posterior, cuando sus consecuencias se actualizan. El antisemitismo no es, sin embargo, la oculta «verdad» última del universo de Wagner: en primer lugar, no se lo oculta, se expone abiertamente, está ahí fuera para que lo vea todo el mundo; en segundo lugar, aunque en su obra el mensaje antisemita es discernible, Wagner lo socava, toma distancia con respecto a él, mediante su muy artística práctica. Mime puede ser el retrato de un judío repulsivo en contraste con la juventud y la fuerza heroicas de Sigfrido, pero ¿la brutal manifestación de repulsión que Sigfrido dirige a Mime no se presenta (implícitamente al menos) como repulsiva en sí misma? El tercer y crucial momento: no olvidemos que el primer héroe wagneriano de pura cepa, que se encuentra en la arquetípica posición wagneriana de no haber muerto, de estar condenado a un peregrinaje infinito, que es incapaz de encontrar (y anhela) la redención en la muerte, es el Holandés Errante, y esta es claramente una figura judía, modelada sobre Ahasver, el Judío Errante (y, dicho sea de paso, la principal fuente para esto es Heine, ¡un poeta judío!). Todos los demás héroes wagnerianos son variaciones sobre el Holandés, incluido Lohengrin (¿no está él también esperando impaciente en Monsalvat la llamada de una dama en apuros por la que él espera ser redimido de la aburrida y estéril vida allí, de los «frígidos goces de Monsalvat»?); Wotan se convirtió en El Caminante, y la misma Kundry en la judía errante (así es, quizá, como deberíamos leer la misteriosa «redención del Redentor» del final de *Parsifal:* ¿y si referimos esta fórmula a Kundry, la mujer-redentora que debería ser redimida?).[33] Podemos imaginar a Lohengrin en paralelo con el Holandés: ¿no está él en una especie de limbo en Monsalvat, en una situación no tan diferente del peregrinaje del Holandés, esperando desesperadamente que una damisela en apuros lo llame para poder escapar de la monotonía de Monsalvat? Fácilmente podemos imaginarlo cantando su propia versión del «Die Frist ist um...» del Holandés, lamentándose de su sino y anhelando una mujer que no le haga la funesta pregunta. Y, como el Holandés, una vez que entra en relaciones con una mujer, en secreto anhela que ella le haga la pregunta prohibida, incapaz de afrontar la perspectiva de una anodina vida matrimonial, contento de volver a llevar a cabo el digno apartamiento tras contar a la muchedumbre reunida quién es él...

En *Lohengrin,* conviene insistir en la oposición entre el *tener que* y el *deber,* entre *müssen* y *sollen.* Cuando Lohengrin ordena a Elsa «Nie sollst du mich befragen»,[34] nos encontramos aquí ante una prohibición de carácter moral: no es «¡tienes que no hacerlo!», sino «¡no debes hacerlo!» (o «¡no deberías hacerlo!»). La formulación de la pregunta por parte de Elsa se encuentra en un plano diferente, el del «tener que»: «No puede sino» formularla, no puede hacer otra cosa, es su carácter fundamental, se ve compelida a

---

33 Es más, ¿y si las tres figuras de Kundry (en el acto I la ingenua ayudante, en el acto II la seductora, en el acto III la sierva arrepentida) las leyéramos en el sentido del clásico tema de las tres mujeres: los tres cofres?
34 Richard Wagner, *Lohengrin,* Stuttgart, Reclam, 1996, p. 21.

formularla por una pulsión inexorable (que es la muy freudiana
Trieb). «Tener que» y «deber» se relacionan, por consiguiente, como
lo real y lo simbólico: lo real de una pulsión cuyo mandamiento
no puede evitarse (que es por lo que Lacan dice que el estatus de
una pulsión es ético); el deber como un ideal simbólico atrapado
en la dialéctica del deseo (si uno no debe hacer algo, esta misma
prohibición genera el deseo de hacerlo). Cuando uno «tiene que»
hacer algo, significa que no tiene otra elección que hacerlo, aunque sea algo desagradable, horrible. Wotan se ve acorralado por
Fricka, y «tiene que» («no puede sino») permitir el asesinato de
Siegmund, aunque su corazón sangra por él; «tiene que» («no
puede sino») castigar a Brunilda, su queridísima hija, la encarnación de sus más íntimos afanes propios.[35] Aquí Wagner se encuentra con la paradoja del «matar con *pietà*», desde el Talmud
(que nos exhorta a administrar justicia con amor) hasta las dos
Lehrstücke [piezas dicácticas] clave de Brecht, *Der Jasager* [El que
dice sí] y *Die Maßnahme* [La decisión], en las que los compañeros
matan con amorosa ternura al joven camarada.

El amor y sus vicisitudes

Solo *El oro del Rin* es un drama musical puro; en dos puntos de *La
valquiria*, la ópera resurge en su forma más gloriosa, como un aria
masculina: «Winterstürme wichen» [Las tormentas del invierno]
de Siegmund y «Der Augen leuchtendes Paar» [Estos dos radiantes
ojos] de Wotan. Es fácil imaginarlas ambas cantadas como una

35   La verdad de la mordaz observación de Nietzsche según la cual todas
las heroínas wagnerianas son versiones de Madame Bovary se ve plenamente
confirmada si echamos un vistazo al segundo acto de *La valquiria*: ¿no hay algo
inherentemente cómico en la manera en que, tras las sobrehumanas batallas
de los héroes, Wotan tiene miedo de afrontar la cólera de su esposa? ¿Y no
vale lo mismo para *El ocaso de los dioses*, donde Sigfrido cae por un lío familiar?
(El mismo modelo es ya discernible en *Lohengrin*).

canción popular. (Al menos en el primer caso, el «aria» cambia gradualmente en un drama musical wagneriano propiamente dicho). *El oro del Rin* es Wagner «como tal», en su forma más pura; en hegeliano, «en su noción» (*in seinem Begriff*): es único porque es el único ejemplo puro de la teoría wagneriana del drama musical, la pieza en la que Wagner respetó plenamente sus propias reglas previamente elaboradas en *Ópera y drama;* con *La valquiria,* la pasión «humana, demasiado humana» (¡y el aria operística!) (re) surge con energía y hace saltar por los aires los límites del edificio teórico wagneriano. Nada tiene de extraño que *El oro del Rin* transcurra entre dioses, monstruos y enanos, sin humanos (y, según la feuerbachiana noción de Wagner en esta época, la humanidad es la única realidad): *El oro del Rin* es una especie de virtual teatro preontológico, una manifestación de puras potencialidades (lo divino, lo monstruoso…) anteriores al surgimiento del mundo humano real.[36] Toda la tetralogía sigue, pues, una precisa lógica interna: *Sigfrido* vuelve a la inocente magia de los cuentos de hadas, mientras que *El ocaso de los dioses* nos arroja al vulgar universo de las intrigas políticas y los juegos de poder. Hay una especie de cuadrado greimasiano: un eje opone *El oro del Rin* y *Sigfrido* a *La valquiria* y *El ocaso de los dioses.* Es más, hay un paralelismo entre las dos obras: en ambos casos, el acto I termina con una situación de acto sexual (consumado en el primer caso, no así en el segundo).

Es un cliché de los estudios wagnerianos afirmar que el triunfal final de *El oro del Rin* constituye un fraude, un triunfo vacío que indica la fragilidad del poder de los dioses y su próxima caída; pero ¿no vale lo mismo también para el final de *Sigfrido?* Es más, ¿es realmente superficial el final de *El oro del Rin,* construido

---

36 El paso, al comienzo de *El oro del Rin,* del interludio orquestal al canto de las Hijas del Rin debería hacerse apropiadamente: un corte y al mismo tiempo una continuidad, esto es, una explosión / inversión totalmente inherente, una liberación de tensión interna. (Lo mismo vale para, en *Cuadros de una exposición* de Músorgski, el paso, al final, de «Yaga Baba» a «La gran puerta de Kiev»).

sobre frágiles cimientos y por tanto condenado al fracaso? ¿Y si es precisamente a este carácter frágil a lo que debe el tono de grandeza trágica? ¿Y si fuera tan eficaz no a pesar de su fragilidad, sino precisamente *debido a ella*? El sublime dúo entre Brunilda y Sigfrido con el que concluye la ópera fracasa un par de minutos antes del final, con la entrada del tema que anuncia la triunfal reunión de la pareja (normalmente llamado el tema del «amor feliz» o del «vínculo del amor»): este tema es, evidentemente, falso (por no mencionar el penoso fracaso del ruidoso y pomposo *tutti* orquestal de la conclusión, al que falta la eficacia que en *El oro del Rin* tiene la entrada de los dioses en el Valhalla). ¿Codifica este fracaso la (¿inconsciente?) crítica de Sigfrido por parte de Wagner? Recuérdese, además, un curioso hecho: este tema es casi el mismo —o estrechamente emparentado con él— que el tema de Beckmesser en *Los maestros cantores* (esta idea se la debo a Gerhard Koch; ¡el acto III de *Sigfrido* se escribió apenas concluido *Los maestros cantores*!). Es más, ¿no señala también este vacío y pomposo fracaso de las notas finales la catástrofe por venir del amor de Brunilda y Sigfrido? En este sentido, este «fracaso» del dúo es una necesidad estructural.[37] No obstante, deberíamos seguir minuciosamente la triádica estructura interna de este dúo: toda la dinámica recae en Brunilda, quien modifica dos veces su posición subjetiva, mientras que Sigfrido permanece inalterable. Primero, desde su elevada posición divina, Brunilda afirma gozosa su amor por Sigfrido; luego, una vez que comprende lo que significan las apasionadas insinuaciones de este —la pérdida de su invulnerabilidad y de la distancia respecto al

---

37 Este dúo de amor es también una de las recaídas verdianas en Wagner (de las que la más conocida es el trío de la venganza con que concluye el acto III de *El ocaso de los dioses,* a propósito del cual Bernard Shaw señaló que sonaba como el trío de los conspiradores de *Un ballo in maschera*): Gutman lo llamó un adiós al drama musical en favor de la «redescubierta meta de la última gran ópera» (Robert W. Gutman, *Richard Wagner*, Nueva York, Penguin, 1968, p. 299).

mundo humano—, se muestra temerosa de perder su identidad, a descender al nivel de una mujer mortal y vulnerable, presa y víctima pasiva del hombre. En una metáfora maravillosa, se compara a sí misma con una bella imagen reflejada en el agua que se desdibuja en cuanto la mano del hombre toca y agita directamente su superficie. Finalmente, se rinde a las apasionadas insinuaciones amorosas de Sigfrido y se arroja al torbellino). Salvo las últimas notas, sin embargo, el acto III de *Sigfrido,* al menos desde el momento en que Sigfrido rompe la lanza de Wotan para despertar a Brunilda, no es solo irresistiblemente hermoso, sino también la formulación más concisa de la problemática edípica en su específico giro wagneriano.[38]

De camino a la montaña mágica en que yace Brunilda, rodeada por un muro de fuego que solo puede atravesar un héroe que no conozca el miedo, Sigfrido se encuentra primero con Wotan, el depuesto (o, mejor, abdicado) dios supremo, disfrazado de Caminante; Wotan trata de detenerlo, pero de una manera ambigua: básicamente, *quiere* que Sigfrido rompa su lanza. Después de que este haga esto irrespetuosamente, lleno de desdén, en su ignorancia, por el amargado y sabio anciano, avanza a través de las llamas y percibe a una maravillosa criatura que yace allí sumida en un hondo sueño. Pensando que la armadura que la criatura tiene encima dificulta su respiración, procede a cortar las correas con su espada; cuando levanta la armadura y ve los pechos de Brunilda, lanza un desesperado grito de sorpresa: «Das ist kein Mann! [«¡Esto no es un hombre!»].[39] Esta reacción, por supuesto, no puede dejar de resultarnos cómica, exagerada hasta lo increíble. Sin embargo, aquí deberíamos tener en cuenta un par de

38 ¿No pertenece la pareja Gutrune (Krimilda) y Brunilda a la serie, iniciada con Antígona y Brunilda, de una mujer fría e «inhumana» acompañada por su apasionada/patológica sombra «humana» (Juliette y Justine, Gudrun Ensslin y su hermana)?

39 Richard Wagner, *Der Ring des Nibelungen. Siegfried, op. cit.,* p. 84.

cosas. En primer lugar, el meollo de la historia de *Sigfrido* hasta este momento consiste en que mientras que Sigfrido ha pasado toda su juventud en el bosque con la única compañía del malvado enano Mime, que afirmaba ser su único progenitor, padre-madre, él ha observado, sin embargo, que, en el caso de los animales, los padres son siempre una pareja, y por eso ansía ver a su madre, la contrapartida femenina de Mime. La búsqueda de una mujer por parte de Sigfrido es, por consiguiente, una búsqueda de la diferencia sexual, y el hecho de que esta búsqueda sea al mismo tiempo la búsqueda del miedo, de una experiencia que le enseñe qué es el miedo, apunta claramente en dirección de la castración... con un sesgo específico. En la paradigmática descripción freudiana de la escena de la castración (en su tardío breve texto sobre el «fetichismo»), la mirada descubre una ausencia donde se espera una presencia (la del pene), mientras que aquí la mirada de Sigfrido descubre una presencia excesiva (la de los pechos... ¿y necesito añadir que la típica soprano wagneriana es una opulenta soprano de generoso busto, de manera que el «¡Este no es un hombre!» de Sigfrido suele provocar una sonora carcajada entre el público?).[40]

En segundo lugar, no deberíamos perder de vista una aparente incoherencia en el libreto que abre el camino a una apropiada comprensión de esta escena: ¿por qué se sorprende tanto Sigfrido de no encontrar a un hombre cuando antes hace hincapié en el hecho de que quiere atravesar el fuego precisamente para encontrar allí a una mujer? Al Caminante le dice: «Apártate, pues ese camino, lo sé, lleva a la mujer durmiente». Y, un par de minutos más tarde: «¡Atrás, fanfarrón! ¡Debo ir ahí, hasta el ardiente cora-

---

40 Como si se estuviera refiriendo a esta escena, Jacques-Alain Miller realizó en una ocasión un experimento mental de enumeración de otros posibles operadores de la diferencia sexual que pudieran reemplazar la ausencia/presencia del pene, y menciona la ausencia/presencia de pechos.

zón de las llamas, hasta Brunilda!».[41] De esto deberíamos extraer la única conclusión posible: *aunque Sigfrido estaba de hecho buscando una mujer, no esperaba que no fuera un hombre.* En resumen, buscaba una mujer que fuera —no lo mismo que un hombre, sino— un complemento simétrico del hombre, con el cual pudiera formar una díada equilibrada y significativa; lo que encuentra, sin embargo, es una intolerable carencia/exceso... Lo que descubre es el exceso/carencia no cubierto por el significante binario; esto es, el hecho de que la mujer y el hombre no son complementarios, sino asimétricos, de que no hay un equilibrio ying-yang; en una palabra, de que no hay relación sexual.

Nada tiene, pues, de particular que el descubrimiento por Sigfrido de que Brunilda «no es un hombre» dé lugar a un estallido de verdadero pánico acompañado de una pérdida de la realidad, en la que Sigfrido se refugia en su (desconocida) madre: «¡Esto no es un hombre! ¡Un abrasador hechizo me atraviesa el corazón; una encendida ansiedad me llena los ojos; vacilan y se turban mis sentidos! ¿A quién puedo llamar para que me ayude? ¡Madre, Madre! ¡Piensa en mí!». Entonces reúne todo su coraje y decide besar a la mujer durmiente en los labios, aunque esto signifique su propia muerte: «Entonces sorberé la vida de esos dulcísimos labios, *aunque muera al hacerlo*».[42] Lo que sigue es el majestuoso despertar de Brunilda, luego el dúo de amor con que concluye la ópera. Es crucial señalar que esta aceptación de la muerte como el precio por el contacto con el Otro femenino va acompañada musicalmente por el eco del llamado tema de la «renuncia», posiblemente el *leitmotiv* más importante de toda la tetralogía. Se oye por primera vez en la escena primera de *El oro del Rin,* cuando, en respuesta a la pregunta de Alberich, Woglinde desvela que «nur wer der Minne Macht versagt» [«solo quien renuncie al poder

41 Richard Wagner, *Der Ring des Nibelungen: Siegfried, op. cit.,* p. 80.
42 *Ibid.,* p. 85.

del amor»] puede tomar posesión del oro; su siguiente aparición más notable se produce hacia el final del acto I de *La valquiria*, en el momento de la más triunfal aserción del amor entre Siegliende y Siegmund: justo antes de arrancar la espada del tronco del árbol. Siegmund lo canta con estas palabras: «Heiligster Minne höchste Not» [«Del amor más sagrado necesidad suprema»].[43] ¿Cómo hemos de leer estas dos apariciones juntas? ¿Y si las tratamos como dos fragmentos de la frase completa distorsionada por el «sueño»; esto es, hecha ilegible por el hecho de estar partida en dos? La solución consiste, por consiguiente, en reconstituir la proposición completa: «La suprema necesidad del amor es renunciar a su propio poder». Esto es lo que Lacan llama la «castración simbólica»: si uno ha de permanecer fiel a su amor, no debería elevarlo al centro de atención directo de su amor, debería renunciar a su centralidad. Quizás un rodeo por lo mejor (o peor) del melodrama hollywoodiense pueda ayudarnos a clarificar este punto. La lección básica del melodrama musical *Rapsodia* (1954) de Charles Vidor es que, para obtener el amor de la mujer amada, el hombre ha de demostrar que es capaz de sobrevivir sin ella, que prefiere su misión o profesión a ella. Hay dos opciones inmediatas: (1) mi carrera profesional es lo que más me importa, la mujer no es más que una diversión, una distracción; (2) la mujer lo es todo para mí, estoy dispuesto a humillarme, a renunciar a toda mi dignidad pública y profesional por ella. Ambas son falsas: ambas llevan a que la mujer rechace al hombre. El mensaje del verdadero amor es, pues: aunque lo eres todo para mí, puedo sobrevivir sin ti, estoy dispuesto a renunciar a ti por mi misión o profesión. La manera apropiada para que la mujer ponga a prueba el amor del hombre consiste, por consiguiente, en «traicionarlo» en el momento crucial de su carrera (el primer concierto público

43 Richard Wagner, *Der Ring des Nibelungen. Die Walküre*, Stuttgart, Reclam, 1965, p. 28.

en la película, el examen clave, la negociación comercial que decidirá su carrera): solo si él puede sobrevivir a la ordalía y realizar su tarea con éxito, aunque esté profundamente traumatizado por la deserción de ella, la merecerá y ella volverá con él. La paradoja subyacente es que el amor, precisamente en cuanto lo absoluto, no debería plantearse como una meta directa: debería conservar el estatus de un subproducto, de algo que recibimos como una gracia inmerecida. Quizá no haya amor más grande que el de una pareja revolucionaria, donde cada uno de los dos amantes está dispuesto a abandonar al otro en cualquier momento si la revolución lo demanda.

¿Qué pasa, pues, cuando Sigfrido besa a la durmiente Brunilda para que este acto merezca el acompañamiento del tema de la renuncia? Lo que Sigfrido dice es que él besará a Brunilda «*aunque muera al hacerlo*»:[44] el contacto con el otro sexo implica la aceptación de la propia mortalidad. Recuérdese aquí otro momento sublime de *El anillo*: el dúo de Siegmund y Brunilda hacia el final del acto II de *La valquiria*, cuando ella, en su fría y majestuosa belleza, aborda a Siegmund y le informa de que todo mortal que la ve morirá pronto; ella está aquí para decirle que se lo llevará al Valhalla, la morada eterna de los héroes muertos, después de que pierda la batalla con Hunding. Siegmund rechaza su ofrecimiento si Sieglinde no puede reunirse con él en el Valhalla, pues prefiere el amor de una miserable mujer mortal a «los frígidos goces del Valhalla / *Walhalls spröde Wonnen*».[45] Siegmund, por consiguiente, aquí renuncia literalmente a la inmortalidad: ¿no es este el acto ético más elevado de todos? La desolada Brunilda comenta sobre su rechazo: «¿Tan poco valoras las eternas delicias? ¿Es ella todo para ti, esta pobre mujer que, cansada y afligida, yace inerme en tu regazo? ¿No piensas nada menos

44 Richard Wagner, *Der Ring der Nibelungen. Siegfried, op. cit.*, p. 86.
45 *Id.*, *Der Ring des Nibelungen. Walküre, op. cit.*, p. 55.

glorioso?».[46] Ernst Bloch tenía razón al observar que lo que en la historia alemana faltaba eran más gestos como el de Siegmund.[47] Pero ¿a qué *amor* se renuncia aquí? Para decirlo sin rodeos: al incestuoso amor materno. El «héroe sin miedo» no tiene miedo en la medida en que se experimenta a sí mismo como protegido por su madre, por el envoltorio maternal: de hecho, «aprender a tener miedo» equivale a aprender que uno está expuesto al mundo sin ningún escudo materno. Es esencial leer esta escena en conjunción con la escena de Kundry, en *Parsifal,* besando a Parsifal: en ambos casos, un héroe inocente descubre el miedo y/o el sufrimiento mediante un beso situado en algún lugar entre lo maternal y lo propiamente femenino. Hasta finales del siglo XIX, los montenegrinos practicaron un extraño ritual de noche de bodas: al atardecer, tras la ceremonia matrimonial, el hijo se metía en la cama con su madre y, una vez dormido, la madre se retiraba en silencio y permitía a la novia ocupar su lugar: tras pasar el resto de la noche con la novia, el hijo tenía que escapar del pueblo a una montaña y pasar allí un par de días solo, a fin

---

46 Richard Wagner, *Der Ring des Nibelungen. Walküre, op. cit.*, p. 54.

47 Con respecto a su germanidad, Wagner ocupa un lugar especial entre los grandes compositores. A propósito de Chaikovski, Richard Taruskin caracterizó acertadamente el callejón sin salida en que se encontraban los compositores de los países «periféricos» (Europa oriental, Escandinavia): el mismo vehículo que sostiene su atractivo internacional (sus raíces nacionales) es a la vez la garantía de su estatus secundario con respecto a los compositores «internacionales» sin marca (de Alemania, Italia o Francia) (Richard Taruskin, *Defining Russia Musically,* Princeton (NJ), Princeton University Press, 1997, p. 48). En otras palabras: el mismo rasgo que sostiene su inclusión *en* el canon los condena a un estatus secundario *en* el canon. Si un gran compositor «universal» fue un nacionalista feroz, esto por lo general se desdeña como secundario, en último término irrelevante, mientras que, aunque un compositor «periférico» no sea nacionalista, esta ausencia se percibe no como el signo de su universalidad, sino como un signo de sus turbulentas relaciones con su grupo étnico. La gran excepción es Wagner: aunque es el «gran» compositor, sus raíces nacionales *sí* importan en su caso... Y esto es lo que lo hace ideológicamente sospechoso.

de acostumbrarse a la vergüenza de estar casado... ¿No le pasa algo muy parecido a Sigfrido? La diferencia entre *Sigfrido* y *Parsifal,* sin embargo, es que en el primer caso la mujer es aceptada; en el segundo es rechazada. Esto no quiere decir que en *Parsifal* desaparezca la dimensión femenina, y que nos quedemos en la homoerótica comunidad masculina del Grial. Syberberg tenía razón cuando, tras el rechazo de Kundry por parte de Parsifal que sigue al beso de ella, «el último beso de la madre y el primer beso de una mujer», reemplazó al Parsifal niño por otro actor, una fría mujer joven: ¿no estaba con ello representando la idea freudiana según la cual la identificación es, en su grado más radical, la identificación con el objeto libidinal perdido (o rechazado)? Nosotros *nos convertimos* en (nos identificamos con) el *objeto* del que nos vimos privados, de modo que nuestra identidad subjetiva es un depósito de las huellas de nuestros objetos perdidos. Esto significa que el conflicto en *Parsifal* no es entre sexualidad y espiritualidad, ni (como a veces se afirma) entre heterosexualidad y la cerrada comunidad homosexual (en cuanto, sigue la historia, el fundamento libidinal de una comunidad totalitaria). Se trata, más bien, del conflicto entre el deseo intersubjetivo y la pulsión parcial atrapada en su circuito cerrado de la *jouissance:* Monsalvat es un perverso paraíso de la pulsión parcial que traza su circuito alrededor del Objeto.[48]

Parsifal *como una pieza didáctica*

¿Es, sin embargo, la lectura del final de *Parsifal* como el de una identificación histérica con el objeto la única consistente? La na-

---

48 ¿Y qué decir de la versión cinematográfica de Syberberg, que presenta la herida misma de Amfortas como un objeto vaginal parcial? ¿No consiste su ironía en que la vagina misma, la «amenaza» femenina a la identidad masculina, se reduce a un fetichista objeto parcial?

turaleza problemática de la crítica de *Parsifal* por parte de Nietzsche indica que la última obra de Wagner está llena de sorpresas: ¿no está ya en *Parsifal* la escena (el *dispositif*) de la crítica nietzscheana de Wagner? Nada tiene de particular que *Parsifal* provocara una mezcla tan extraña de rabia *y* admiración en Nietzsche. El reino de Klingsor se ajusta a la noción nietzscheana de Wagner: un imponente maestro de la hipnosis que manipulaba a las mujeres y por tanto seducía al público; y, contra este reino y su aspecto musical (el cromatismo, la inmersión en un flujo infinito carente de forma propiamente dicha o interna), el héroe sin culpa que lidera a la comunidad del Grial, reafirmando un firme ritmo de marcha y heroicas relaciones jerárquicas... La crítica de Wagner por parte de Nietzsche, por consiguiente, es en realidad un caso de «marco que forma él mismo parte del contenido enmarcado»: el marco mismo de la crítica de Nietzsche está ya escenificado en el contenido criticado.[49] Así, resulta demasiado fácil concebir la ruptura de Nietzsche con Wagner como el paso de lo sentimental a lo naíf (en el sentido de Schiller), lo cual es, al mismo tiempo, el paso del Romanticismo tardío a la modernidad propiamente dicha. Lo que esta noción oscurece es la sentimentalidad oculta (y, por tanto, la naturaleza fingida) de la propia ingenuidad de Nietzsche.

¿Y si *Parsifal,* pues, apunta también en otra dirección, la de la aparición de un nuevo colectivo? Si *Tristán* representa la redención como la extática escapatoria suicida *del* orden social, y *Los maestros cantores* se resignaba a la integración *en* el orden social existente, entonces *Parsifal* concluye con la invención de una nueva forma de lo Social. Con el «¡Desvelad el Grial!» («Enthül-

---

49 Es fácil demostrar la escisión interna de las relaciones de Nietzsche con Wagner, esto es, cómo sus feroces ataques a Wagner atestiguan el hecho de que Nietzsche era incapaz de librarse de la sombra de Wagner; sin embargo, a pesar de esta escisión (o, más bien, debido a ella), la posición subjetiva de Nietzsche era mucho más auténtica que la firme confianza en sí mismo del Wagner tardío.

let den Graal!»),[50] de la comunidad del Grial como un orden cerrado en el que el Grial solo se revela, en el tiempo y con el ritual prescritos, al círculo de los iniciados, pasamos a un nuevo orden en el que el Grial tiene que permanecer revelado todo el tiempo: «¡Nunca más esté sellada la urna!» («Nicht soll der mehr verschlossen sein!»).[51] Este es, tal vez, el único momento verdaderamente cristiano de *Parsifal:* el brillo permanente del Grial lo convierte en una *lux aeterna,* que rompe con el pagano movimiento circular de desvelamiento y apartamiento.[52] En cuanto a las consecuencias revolucionarias de este cambio, recuérdese el destino de la figura del Amo en la tríada *Tristán—Los maestros cantores—Parsifal* (el rey Marke, Hans Sachs, Amfortas): en las dos primeras obras el Amo sobrevive como una figura entristecida y melancólica; en la tercera es *depuesto* y muere.

¿Por qué, pues, no deberíamos leer *Parsifal* desde la perspectiva de hoy? El reino de Klingsor en el acto II es el dominio de la fantasmagoría digital, de la diversión virtual: Harry Kupfer tenía razón al representar el jardín mágico de Klingsor como una sala de vídeo, con las Muchachas Flor reducidas a fragmentos de cuerpos femeninos (rostros, piernas...) que aparecen en pantallas de televisión dispersas.[53] ¿No es Klingsor una especie de Amo de Matrix que manipula la realidad virtual, una combinación de Rupert Murdoch y Bill Gates? Y cuando pasamos del acto II al acto III, ¿no lo hacemos, en efecto, de la falsa realidad virtual al «desierto de lo real», el «páramo» tras la catástrofe ecológica que ha desbaratado el

---

50 Richard Wagner, *Parsifal,* Stuttgart, Reclam, 1963, p. 59.
51 *Ibid.,* p. 60.
52 Es el mito de *Hamlet* cuya estructura es básicamente pagana (el «ciclo de la vida», como se dice en *El Rey León,* el movimiento circular del orden perturbado por el tío y el equilibrio restablecido por el hijo), mientras que Edipo (como Jean-Joseph Goux dejó claro) es una extraña excepción entre los mitos, el mito atípico en el que se interrumpe el curso normal de las cosas.
53 *Parsifal,* puesta en escena de Harry Kupfer, director artístico: Daniel Barenboim, Berlín, Ópera estatal en 1992.

funcionamiento «normal» de la naturaleza? ¿No es Parsifal un modelo para Keanu Reeves en *Matrix,* con Samuel Jackson en el papel de Gurnemanz?[54] Estoy, por tanto, tentado de ofrecer una «vulgar» respuesta directa a la pregunta: ¿qué demonios hacía Parsifal en su viaje durante el largo rato que pasa entre los actos II y III? El verdadero «Grial» son las personas, su sufrimiento. ¿Y si simplemente cobró consciencia de la miseria humana, del sufrimiento y la explotación? ¿Y si el *nuevo* colectivo fuera, pues, algo así como un partido revolucionario? ¿Y si se corriera el riesgo de leer *Parsifal* como el precursor de las piezas didácticas de Brecht? ¿Y si su tema del sacrificio apuntara al de *Die Maßnahme* [La medida] de Brecht, al que puso música Hans Eisler, el tercer gran alumno de Schönberg después de Berg y Webern? ¿No es el tema de ambos, *Parsifal* y *Die Maßnahme,* el del aprendizaje: el héroe debe aprender a ayudar a las personas en su sufrimiento? Los resultados, sin embargo, son diametralmente opuestos: en Wagner la compasión, en Brecht/ Eisler la fuerza para no dejarse llevar por la compasión ni actuar directamente movido por ella. No obstante, esta oposición es, en sí misma, relativa: el motivo compartido es el de la *compasión distanciada.* La lección de Brecht es el arte de la compasión *fría,* la compasión con el sufriente que aprende a resistirse a la urgencia inmediata de ayudar a los demás; la lección de Wagner es la *compasión* fría, la piadosa actitud distanciada (recordemos a la fría muchacha en que Parsifal se convierte en la versión de Syberberg) que, sin embargo, conserva la compasión. La lección de Wagner

---

54 ¿Y si —en el mismo sentido— toda la acción de *Sigfrido* y *El ocaso de los dioses* es el sueño de Brunilda, mientras esta está durmiendo rodeada por el fuego? Cuando luego dos veces (al final de ambas óperas) aparece el fuego en su sueño, incorpora al sueño los estímulos externos del fuego rugiendo en torno a ella todo el tiempo. Y la traumática escena final del acto I de *El ocaso de los dioses* es el momento de la desintegración de la fantasía, una ambigüedad brutal e inconsistente: entonces ella se inventa rápidamente la compleja narración del acto II a fin de explicar esta traumática intrusión.

(y la visión de Wotan) sobre cómo el mayor acto de libertad es aceptar y dar libremente curso a lo que necesariamente tiene que ocurrir halla un extraño eco en la lección básica de las «piezas didácticas» de Brecht: lo que el niño a punto de ser asesinado por sus colegas tiene que aprender es el arte de la *Einverständnis,* de la aceptación de su propia muerte, que de todos modos ocurrirá.

¿Y qué hay de la misoginia que evidentemente respalda esta opción? ¿No negó *Parsifal* el presupuesto compartido de las dos primeras obras, su afirmación del amor (el extático amor cortesano, el amor marital), optando por la comunidad exclusivamente masculina? ¿Y si aquí también, sin embargo, Syberberg tuviera razón: tras el beso de Kundry, en el mismo rechazo de la (histérico-seductiva) feminidad, Parsifal se convierte en mujer, adopta una posición subjetiva femenina? ¿Y si ante lo que realmente nos hallamos es una abnegada comunidad «radical» liderada por una mujer despiadada y fría, una nueva Juana de Arco?

¿Y qué hay de la idea de que la comunidad del Grial es un cerrado y elitista círculo iniciático? El mandamiento final de Parsifal de revelar el Grial socava esta falsa alternativa elitismo/populismo: todo verdadero elitismo es universal, dirigido a uno y todos, y en los secretos proverbios iniciáticos gnósticos hay algo de inherentemente vulgar. Hay una queja clásica de los numerosos entusiastas de *Parsifal:* una gran ópera con muchos pasajes de imponente belleza... Y, sin embargo, las dos largas narraciones de Gurnemanz (que ocupan casi la primera mitad de los actos I y III) son de lo peor de Wagner: una aburrida recapitulación de hechos pasados que ya conocemos, carentes de cualquier tensión dramática. La lectura «comunista» de *Parsifal* que propongo implica una plena rehabilitación de estas dos narraciones como momentos cruciales de la ópera: el hecho de que puedan parecer «aburridos» cabe entenderlo en el sentido de un breve poema de Brecht que data de comienzos de los años cincuenta, dirigido a un trabajador anónimo de la RDA que, tras largas horas de trabajo, se ve obligado a escuchar un aburrido discurso político pronunciado por un funcionario local del Partido. «Estás agotado del largo trabajo,/ el conferenciante se está repitiendo,/ su discurso es de larga duración y él habla con esfuerzo./ No lo olvides, tú, fatigado:/ está diciendo la verdad».[55] Este es el papel de Gurnemanz, ni más ni menos que el agente (el portavoz, ¿por qué no?) de la verdad. En este caso preciso, el mismo predicado «aburrido» es un indicio (un vector, incluso) de la verdad en cuanto opuesta a la deslumbrante perplejidad de los chistes y las diversiones superficiales. (Hay, por supuesto, otro sentido en el que, como muy bien sabía Brecht, la dialéctica misma es inherentemente cómica).

Con respecto a la economía general de la obra de Wagner, ¿son las largas narraciones que interrumpen el flujo de los acontecimientos, especialmente en las óperas tardías de Wagner —donde el cantante recapitula lo previamente ocurrido en la ópera o, muchas veces, simplemente en la ópera o el acto anterior—, un *síntoma* de Wagner, un síntoma del fracaso inherente del proyecto de *Gesamtkunstwerk?*[56] Así, en lugar de la *Darstellung* orgánica, la descripción directa de los acontecimientos, lo que se nos ofrece es la artificial *Vorstellung,* la representación.[57] ¿Y si obedecen a una lógica performativa muy precisa de lo «declarativo»? Uno hace algo, uno se cuenta a sí mismo (se declara a sí mismo) como el que lo hizo y, sobre la base de esta declaración, realiza algo nuevo: el momento adecuado de transformación subjetiva ocurre en el momento de la declaración, no en el momento del acto. En otras palabras, lo verdaderamente Nuevo emerge a través de la autonarración, la aparentemente pura reproducción de lo que ya su-

55 Bertolt Brecht, *Die Gedichte in einem Band,* Fráncfort del Meno, Suhrkamp, 1999, p. 1003.
56 Tipo de obra que integraba las seis artes: música, danza, poesía, pintura, escultura y arquitectura. *(N. de la T.)*
57 Para esta idea, véase David J. Levin, *Richard Wagner, Fritz Lang and the Nibelungen,* Princeton (NJ), Princeton University Press, 1998.

cedió; es esta narración la que abre el espacio (la posibilidad misma) de actuar de una manera nueva. Furioso por su miseria, un obrero estalla contra su patrón (participa en una huelga salvaje, etcétera). Sin embargo, solo después de la explosión, cuando la relata como un acto de lucha de clases, se transforma subjetivamente en un sujeto revolucionario y, a partir de esta transformación, puede continuar actuando como un verdadero revolucionario. En ninguna parte este papel «performativo» de la narración es más palpable que en lo que los necios consideran los pasajes más aburridos de los dramas musicales de Wagner: los largos relatos en las que el héroe recapitula lo sucedido hasta ese punto. Como Alain Badiou ha señalado,[58] estos largos relatos son los verdaderos lugares del cambio dramático: al seguir su curso, somos testigos de la profunda transformación subjetiva del narrador.[59] Un ejemplo de ello es el gran monólogo de Wotan en el acto II de *La valquiria:* el Wotan que emerge como resultado de su propio relato no es el mismo Wotan que emprendió la narración, sino un Wotan que ha decidido actuar de una manera nueva: Wotan ve y acepta su fracaso definitivo, y *decide desear* su propio fin.[60] Y, como ha señalado Badiou, el papel de la textura musical es crucial aquí: es la música la que transforma (lo que puede sonar como) un mero informe de acontecimientos y del estado del mundo en el des-

58   En su seminario sobre Wagner en la École Normale Supérieure de París, el 14 de mayo de 2005.

59   Por eso Adorno se equivocaba cuando, al modo nietzscheano, escribía que la obra de Wagner es teatral pero no dramática: pasó por alto el impacto dramático clave de las largas narraciones wagnerianas.

60   Las propias excepciones son aquí reveladoras, y las encontramos en el extremo opuesto de la obra de Wagner: la autopresentación del Holandés Errante en el acto I es justamente esta, no conlleva ningún cambio subjetivo, por lo que seguimos estando ante un aria tradicional; los largos informes de Gurnemanz en la primera parte de los actos I y II obedecen a una lógica diferente: aunque tampoco implican ninguna transformación subjetiva del propio narrador —Gurnemanz es más bien una especie de funcionario comunista gris que informa sobre las luchas pasadas...— sí transforman cada vez a su destinatario, Parsifal.

pliegue de la metamorfosis subjetiva del propio narrador. También se puede ver cuánta razón tenía Wagner al reducir el acto en sí (la batalla, por lo general) a un suceso insignificante del que hay que deshacerse rápidamente, preferiblemente incluso fuera del escenario (como es el caso, al principio del acto II de *Parsifal*, con la lucha de Parsifal y su victoria sobre los caballeros de Klingsor: tiene lugar fuera del escenario, solo oímos el informe sobre el progreso de Parsifal por parte de Klingsor, que observa la lucha desde lejos): es imposible no advertir lo llamativo que resulta el contraste entre la brevedad de los combates reales en las obras de Wagner (el breve duelo entre Lohengrin y Telramund en el acto III de *Lohengrin;* el duelo entre Tristán y Melot al final del acto III de *Tristán*, por no mencionar las ridículas peleas del final de *Tristán*) y la larga duración de los relatos y las declaraciones.

¿Y qué hay de la llamada final del Coro en *Parsifal:* «Erlösung dem Erlöser» [«¡Redimid al Redentor!»],[61] que algunos leen como la frase antisemita «redimid/salvad a Cristo de las garras de la tradición judía, des-semitizadlo»? ¿Y si, sin embargo, leemos este verso más literalmente, como haciéndose eco de otra frase «tautológica» del final: «La herida solo puede curarse con la lanza que la produjo»?[62] ¿No es esta la paradoja clave de todo proceso revolucionario, en el curso del cual no solo se necesita violencia para superar la violencia existente, sino que la revolución, a fin de estabilizarse ella misma en un nuevo orden, tiene que devorar a sus propios hijos? ¿Wagner, un protofascista? ¿Por qué no dejar atrás esta búsqueda de los elementos «protofascistas» en Wagner y, más bien, en un violento gesto de apropiación, reinscribir *Parsifal* en la tradición de los partidos revolucionarios radicales?

61 Richard Wagner, *Parsifal, op. cit.*, p. 60.
62 *Ibid.*, p. 59.

II. El retrato de un caballero ruso gay

El misterio del superfluo segundo acto

Para un elitista de la música clásica europea educado en la tradición de Adorno, el nombre «Chaikovski» no puede sino provocar la reacción de Joseph Goebbels de sacar una pistola: Chaikovski representa el *kitsch* más bajo, solo comparable a Sibelius o Rajmáninov. Sin embargo, como dijo sucintamente Daniel Gregory Mason, Chaikovski «tiene el mérito de sus defectos»:[1] no solo era consciente de sus limitaciones y puntos débiles, sino que sus (pocos) momentos verdaderamente grandiosos surgieron paradójicamente *de* estos defectos. Admitía que «rara vez podía sostener un movimiento entero en la cumbre de sus mejores pasajes», un problema no solo para él, sino también para la mayoría de los románticos hasta Elgar. Lo que Berlioz dijo de Mendelssohn se aplica plenamente al *Concierto para violonchelo* de Elgar: empieza bien, pero es incapaz de mantener la tensión creativa hasta el final. Sin embargo, hay excepciones, éxitos milagrosos, como la primera verdadera obra maestra de Chaikovski, su poema sinfónico *Francesca da Rimini* (1876): en su parte central (a los 11 minutos), se produce de repente un pasaje

---

1 Daniel Gregory Mason, «Life as a Composer», *New Grove Dictionary of Music and Musicians*. Véase en línea: http://www.oocities.org/Vienna/5648/Composer.html (consultado el 22/1/2015).

que suena muy del siglo XX, casi como una partitura de Bernard
Herrmann para Hitchcock, una especie de vuelo hacia el futuro;
después, el Romanticismo estándar gradualmente vuelve. Es
como si Chaikovski ofreciera aquí un ejemplo de lo que Walter
Benjamin entendía como un mensaje que viene del futuro, de
algo para lo que la época en que fue escrito carecía de los medios
adecuados para escucharlo y comprenderlo correctamente. (Así
es como funciona el modernismo: lo que originalmente eran
fragmentos de un Todo orgánico se autonomizan —en pintura,
todo el Miró tardío puede remontarse a los detalles de sus primeros cuadros figurativos). No es de extrañar que esta sea la
música utilizada para la secuencia de ballet al final de *Cortina
rasgada* de Hitchcock. Esto es lo que merece la pena buscar en
Chaikovski: señales del futuro, milagros de modernidad en medio de la cursilería romántica.

En *Francesca*, Chaikovski presenta una interpretación sinfónica
de la trágica historia del quinto canto del *Inferno* de Dante: el
narrador Dante conoce a la sombra de Francesca da Rimini, una
noble que se enamoró del hermano de su feo marido; después
de que los amantes fueran descubiertos y asesinados en venganza
por el marido, fueron condenados al Infierno por sus pasiones
adúlteras. En su condena, quedan atrapados en una violenta tormenta, pero separados el uno del otro, para no volver a tocarse
jamás, atormentados sobre todo por el recuerdo imborrable de
las alegrías y los placeres de los abrazos que una vez compartie-
ron. No es de extrañar que *Francesca* se escribiera inmediatamente
antes de *Oneguin*: el tema de los amantes que sufren la condena
eterna en el Infierno como castigo por su lujuria prohibida debe
tener todo su peso: para Chaikovski, la pasión heterosexual plenamente consumada era el Infierno. Se puede, pues, proponer
una hipótesis precisa: ¿y si, en *Oneguin*, el libro que Tatiana está
leyendo al principio del acto I, que describe el sufrimiento de
los amantes, causa de su rostro pálido, no es otro que el *Inferno*

de Dante, más precisamente, la historia de Francesca da Rimini? «El relato de los tormentos sufridos por estos verdaderos amantes me conmueve; ¡lo siento tanto por ellos, pobrecitos! Oh, cómo sufren, cómo sufren».

El rostro pálido de una mujer que encuentra placer en el dolor representa perfectamente la predisposición que hace que Tatiana esté dispuesta a enamorarse al instante, con consecuencias trágicas que son el reverso de *Francesca:* en *Francesca,* la catástrofe resulta del amor sexual plenamente consumado, mientras que en *Oneguin,* resulta del doble encuentro fallido. El tema principal de *Eugenio Oneguin* es, de forma bastante obvia, un encuentro sexual fallido: en el acto I, ella lo desea y él no; en el acto III, él lo desea y ella no. La simetría de los rechazos es clara: en ambos casos, primero hay una carta (de Tatiana a Oneguin, de Oneguin a Tatiana), luego el rechazo del destinatario. El rechazo de Oneguin —yo no estoy hecho para la dicha conyugal, el matrimonio sería un tormento para nosotros, así que aprende a controlar tu fantasía y verás que tu amor no es más que una pasión pasajera— *es una mentira disfrazada de verdad:* lo que dice es cierto, pero dice lo correcto por una razón equivocada. Oneguin tiene razón al rechazar su carta: es obvio, por las palabras de la escena de la carta, que el amor de Tatiana se sustenta en el reconocimiento fantasmático. Oneguin es amado porque encaja en el marco de su fantasía, que preexiste a su encuentro con él; esto explica la paradójica afirmación de Tatiana de que la primera vez que lo vio, lo reconoció (como Aquel a quien estaba esperando):

Apareciste ante mí en mis sueños;
aún invisible, ya eras querido,
tu mirada maravillosa me llenaba de anhelo,
tu voz resonaba en mi corazón
hace mucho tiempo... no, ¡no era un sueño!
En cuanto llegaste, te reconocí,

casi me desmayé, empecé a arder de pasión,
y me dije: ¡Es él![2]

Lo que esto significa es que el amor de Tatiana por Oneguin en el acto I es falso; solo al final Tatiana ama de verdad a Oneguin, pero el que ahora es falso es el amor de él. Cuando Oneguin le declara su amor en el acto III, Tatiana hace la pregunta correcta: ¿por qué ahora? ¿Qué hay ahora en mí más que yo misma? La respuesta es: ahora es una dama, casada con un héroe mayor y poderoso. No hay que atribuir a Oneguin motivaciones viles para ello (como hace la propia Tatiana al principio); lo que la hace verdaderamente deseable es el obstáculo en sí, *su misma inaccesibilidad*, su elevación a la categoría de objeto prohibido. De repente, nos encontramos en el universo del *amor cortés* con su triángulo incestuoso: el héroe desea a la sublime dama que es la esposa legal de un hombre mayor —encontramos esta constelación desde los romances medievales como *Tristán e Isolda* hasta el *film noir* norteamericano—. El deseo de Oneguin se despierta por la posibilidad de robar su esposa a la figura paterna, de alcanzar lo inalcanzable. Donal Henahan ve el aria del príncipe Gremin como un caso ejemplar de aria «en la que un personaje de ópera es pintado tan vívida y plenamente que una persona completa cobra vida ante nuestros propios ojos»;[3] en cada acto de *Oneguin*, tenemos una de estas arias: la escena de la carta de Tatiana en el acto I, el aria de Lenski cuando espera a Oneguin en el lugar del duelo en el acto II y el aria de Gremin en el acto III:

<hr>

2　Las siguientes citas de *Eugenio Oneguin* están tomadas del libreto inglés incluido en la grabación de Georg Solti y la Royal Opera House, Covent Garden de 1974. El libreto está disponible en línea. Véase: http://www.opera-guide.ch/opera.php?uilang=en&id=373 (útlimo acceso: 22-7-2015).

3　Véase Donal Henahan, «Music View; Am [sic] Operatic Character Can Come To Life in a Single Aria», *The New York Times*, 14 de octubre de 1984. Véase en línea: https://www.nytimes.com/1984/10/14/arts/music-view-am-operatic-character-can-come-to-life-in-a-single-aria.html (último acceso: 22-1-2015).

No es sorprendente que no ofrezca al propio Oneguin una oportunidad similar de revelarse como persona de alguna dimensión. La razón es quizá demasiado obvia para ser del todo cierta. Debido a su homosexualidad, Chaikovski contrajo un matrimonio desastroso y prácticamente arruinó su vida y la de su desconcertada novia. Al convertir a Oneguin en un canalla superficial y egocéntrico, quizá sintió que se vengaba de sí mismo.[4]

El aria de Gremin es el último de los tres *eros energumenos*, casos de una persona «poseída (vigorizada) por *eros*» que explota en una exhibición de pasión erótica, cada uno de los cuales, obviamente el «gran éxito» del acto, merece un breve comentario. Primero está la escena de la carta de amor de Tatiana. Al comienzo de *Oneguin*, en el breve preludio orquestal, el somero motivo melódico (el «tema de Tatiana») no está verdaderamente desarrollado, sino solo repetido de distintos modos, con lo que conserva su carácter aislado de fragmento melódico, que no llega ni a ser una línea melódica completa. La repetición tiene un sabor genuinamente melancólico, que registra y muestra la impotencia subyacente, el fracaso del desarrollo propio. Es elocuente que el tema quede propiamente desarrollado en una especie de textura orgánica solo en la escena de la carta, en esa explosión utópica del deseo de Tatiana, algo así como un equivalente en Chaikovski de la balada de Senta en *El Holandés Errante* (otra ópera desarrollada a partir de su canción central y que también versa sobre la heroína que reconoce de inmediato al héroe, pues también el Holandés «todavía no visto [...] ya le resultaba caro a ella»). No es de extrañar que Oneguin se retraiga ante las vergonzantes muestras de pasión erótica de Tatiana. El envío de la carta a Oneguin tiene la dimensión de un acto: Tatiana asume el riesgo y se expone en toda su vulnerabilidad, corre el riesgo de resultar herida si

---

4 Donal Henahan, «Music View...», *op. cit.*

Oneguin la rechaza o si se aprovecha de ella para tener un simple romance. Este acto supone un contraste con el gesto melodramático habitual de una mujer que se pone a escribir una carta a su amante (algún mensaje confidencial y doloroso), pero, mientras la escribe, la tira y acude ella misma a verlo, a ofrecérsele, a ofrecerle su cebo, para ocultar el mensaje de la carta que no ha enviado. Tatiana envía la carta en lugar de ofrecerse ella directamente, con lo que evita la catástrofe de un escándalo. ¿O no?

El aria de Gremin comparte con la escena de la carta ese carácter de exhibición pública —bochornosa, casi indecente— de la pasión: «Oneguin, no sé cómo ocultarlo: amo a Tatiana con locura». Observemos la ironía: Tatiana no ama a Gremin, pero ¿lo sabe él? Si lo sabe, ¿es su amor por ella un amor genuino? ¿No forma su matrimonio parte de la propia sociedad superficial/ formal que dice despreciar? Es significativo que, antes de esta aria, Oneguin no exprese ningún amor por Tatiana (ni siquiera la reconoce); es como si, en una especie de explosión de deseo mimético, se identificara con la visión que Gremin tiene de Tatiana (comparten la misma repugnancia por la sociedad de moda). Así, Tatiana tiene pleno derecho a rechazarlo, y la ópera termina con un cuádruple no: no el *no* de Tatiana a Oneguin, sino el rechazo de este al *no* de ella:

TATIANA
En lo más profundo de mi corazón,
su desesperada súplica encuentra respuesta,
pero una vez sofocada la llama pecaminosa,
¡el severo y sagrado deber del honor
triunfará sobre la pasión!
¡Te dejo!

ONEGUIN
¡No! ¡No! ¡No! ¡No!

Oneguin recupera aquí su propio mensaje a Tatiana (en el acto I) en su verdadera forma (invertida): tras decirle que controle sus emociones, ahora escucha de ella que él debe sofocar la llama pecaminosa. Este *no* de Tatiana no es tan fuerte como el *no* de las heroínas de la novela europea moderna, desde *La princesa de Cleves* hasta *El retrato de una dama:* se queda en el nivel de un simple y directo conflicto entre deberes y obligaciones sociales y la pasión privada, sin indicar que su *no* es interno a su relación amorosa, una expresión de su lógica inmanente. Procede en dos pasos: primero, sospecha que Oneguin solo está fascinado por su nuevo estatus de dama de la alta sociedad: una aventura con ella apuntalaría su reputación de seductor; luego, convencida de su sincero amor verdadero, da la razón de su rechazo: prefiere el deber a la pasión pecaminosa. Lo que falta es la situación de *Cleves* y *Retrato*, en que la mujer rechaza al amante precisamente cuando, por fin, no hay obstáculos, cuando podrían empezar a vivir juntos sin infringir la moral pública. Para llevar *Oneguin* a este nivel, cabe imaginar un pequeño cambio en el contenido del acto III que motivaría aún mejor el, por otra parte, extraño arrebato de *eros energumenos* en el príncipe Gremin: este sabe en secreto que Tatiana aún ama a Oneguin y, además, sabe que morirá pronto, por lo que hace la confesión pública a Oneguin para que los amantes se sientan culpables y arruinar las posibilidades de su reencuentro tras su muerte. Así pues, cabe imaginar un giro melodramático: inmediatamente después de su arrebato, Gremin se retira a sus aposentos privados y muere; es en ese momento, cuando no hay obstáculos legales ni éticos para su unión, cuando Oneguin se acerca a Tatiana y esta lo rechaza.

Por esta razón, el final de la historia no tiene todo el peso trágico que podría y debería haber tenido: el final del acto II es sencillamente más estremecedor. Debemos combinar este hecho con otra extraña característica del *Oneguin* de Chaikovski: su historia básica, el encuentro fallido de los dos amantes, habría funcionado mucho mejor si simplemente se hubiera omitido el acto II.[5] Hagamos un experimento mental e imaginemos exactamente la misma ópera como una pieza en dos actos, compuesta por los actos I y III de la ópera existente:

(1) La señora Larina, terrateniente y madre de Tatiana y Olga, recibe en su finca la visita de Lenski, un propietario vecino, que está prometido con Olga. Lleva consigo a su amigo Eugenio Oneguin. Tatiana, ingenua y romántica, ve en Eugenio al héroe de sus sueños pueriles y se enamora de él. En una carta a Eugenio le confiesa su amor y concierta una cita. Eugenio, decepcionado y misántropo, acude a la cita, pero devuelve la carta a la muchacha y le aconseja que contenga sus sentimientos.

(2a) Transcurren algunos años. Tatiana es ahora una dama de la alta sociedad de San Petersburgo, esposa del príncipe Gremin, un héroe de guerra ya mayor. Cuando Oneguin regresa de un viaje al extranjero, conoce a Tatiana en una gran recepción, se enamora profundamente de ella y le suplica que se escape con él. Tatiana, aunque admite su amor por él, lo rechaza, y Oneguin se queda solo y desesperado.

La historia tiene perfecto sentido, los dos actos son totalmente simétricos, presentándonos un doble encuentro fallido. El único

---

5 También en Wagner, el segundo acto es el punto de inflexión. Aunque todos los «grandes éxitos» de *La valquiria* se sitúan en los actos I y III, el cambio clave de todo *El anillo* —la sumisión de Wotan a Fricka— tiene lugar en el acto II, que (como *Oneguin*, por cierto) termina con Wotan causando la muerte de su amado hijo Siegmund, un acontecimiento mucho más demoledor que su despedida de Brunilda en el acto III. A propósito de *Lohengrin*, se puede imaginar el mismo experimento mental que hicimos con *Oneguin*: la ópera reducida solo a los actos I y III tendría perfecto sentido, sin privarnos de ningún «gran éxito», solo privándonos de la parte musicalmente más progresiva y psicológicamente más penetrante de la ópera.

elemento que sobresale como superfluo es la otra pareja (Lenski y Olga). Así, se puede imaginar un argumento aún más liviano, el acto I sin esta pareja adicional:

(1a) La señora Larina, terrateniente y madre de Tatiana, recibe en su finca la visita de Eugenio Oneguin, un propietario vecino. Tatiana, ingenua y romántica, ve en Eugenio al héroe de sus sueños y se enamora de él. En una carta a Eugenio le confiesa su amor y lo cita. Eugenio, decepcionado y misántropo, acude a la cita, pero devuelve la carta a la muchacha y le aconseja que contenga sus sentimientos.

El acto II es la clave del misterioso desequilibrio de la ópera. ¿Por qué, entonces, la pareja adicional y la tragedia con Lenski? La única explicación es la presencia subyacente de otro vínculo erótico homosexual: Oneguin-Lenski. Para explicar este otro vínculo, podemos imaginar otra versión alternativa de la misma ópera, esta vez solo con los actos I y II:

(1) La señora Larina, terrateniente y madre de Tatiana y Olga, recibe una visita en su casa de campo por parte de Lenski, un propietario vecino, que está comprometido con Olga. Trae consigo a su amigo Eugenio Oneguin. Tatiana, ingenua y romántica, ve en Eugenio al héroe de sus sueños de niña y se enamora de él. En una carta a Eugenio le confiesa su amor y lo cita. Eugenio, un hombre misántropo y decepcionado, acude a la cita, pero devuelve la carta a la chica y le aconseja que contenga sus sentimientos.

(2b) Luego llega el cumpleaños de Tatiana y un baile ofrecido en su honor por la señora Larina. Eugenio Oneguin está presente, y caprichosamente agravia a su amigo Lenski por sus atenciones hacia la prometida de este, Olga, una coqueta despiadada. Los celos desencadenan un duelo y Oneguin dispara letalmente a Lenski.

Aunque un poco más excéntrica, esta historia también tiene sentido: Oneguin rechaza a Tatiana en nombre de su pasión por Lenski, pero luego se siente decepcionado y celoso cuando ve que Lenski persiste en su amor por Olga, negándose a cumplir su parte del trato amoroso, por lo que provoca un duelo... un proceso trágico plenamente coherente: primero se sacrifica el objeto amoroso por un objetivo superior (homosexual); luego, se pierde también el objeto superior y se queda solo. ¿Cómo vamos a unir las dos historias? Nuestra hipótesis es que no existe una unidad orgánica propiamente dicha en *Oneguin:* la historia de la ópera, tal como la tenemos, es un compuesto (no plenamente coherente) de dos historias discretas. Existen entonces dos posibilidades de unidad:

(a) Se puede escenificar el acto III como la fantasía de Oneguin que tiene lugar al final del acto II, cuando se queda solo junto al cadáver de Lenski: una especie de «huida hacia el futuro» fantasmática para castigarse por su acto. De este modo, quedaría claro que el trágico final del acto III es una farsa, un señuelo para borrar la verdadera tragedia del final del acto II.

(b) También se puede dar un poco más de coherencia al argumento combinando y cambiando el orden de los actos II y III:

(2b) Transcurren algunos años. Tatiana es ahora una dama de la alta sociedad de San Petersburgo, esposa del príncipe Gremin, un héroe de guerra ya mayor. De regreso de un viaje al extranjero, Oneguin se encuentra con Tatiana en un gran baile, en el que también están presentes Lenski y Olga. Esta vez, Oneguin se enamora profundamente de ella. Tras seguirla hasta una pequeña habitación donde ella va a tomarse un respiro, le suplica

que huya con él. Tatiana, aunque admite su amor por él, lo
rechaza. Amargado por el rechazo, Oneguin regresa al salón de
baile, donde la visión del feliz Lenski bailando con Olga no hace
sino agravar su crisis; para herir a Tatiana (que, como él sabe,
aún lo ama), empieza a flirtear con Olga. Esto provoca un estallido de celos salvajes en Lenski, que reta en duelo a Oneguin.
A la mañana siguiente, se encuentran y Oneguin dispara a Lenski.

En nuestros tiempos políticamente correctos, está de moda discernir la homosexualidad en la textura musical de algunos compositores clásicos y redimirlos así; hay, por ejemplo, lecturas en
absoluto convincentes y ridículas de Schubert: por ejemplo, debía
de ser gay, porque su música no es agresiva, penetrante, fálica
y está llena de pasajes suaves. En el caso de *Oneguin*, sin embargo,
pisamos terreno más firme. En otoño de 1876, Chaikovski
informó a sus familiares más cercanos de su intención de casarse
—un típico *passage à l'acte* histérico, un acto de traición ética, de
comprometer el propio deseo, es decir, un intento desesperado
de frustrar su homosexualidad—. Medio año más tarde llegó la
esperada «respuesta de lo Real»: Antonina Miliukova, su alumna
de piano un par de años antes, le escribió declarándole que estaba
enamorada de él desde entonces. Chaikovski la rechazó con tacto,
pero con firmeza y, en ese preciso momento, se puso a componer
Oneguin (partiendo de la carta de Tatiana a Oneguin; ya llevaba
algún tiempo jugando con la idea de hacer una canción a partir
de esta carta). Como admitió más tarde, a partir de ese momento,
realidad y ficción se entrelazaron de forma inextricable: se identificó con el amor de Tatiana por Oneguin y se indignó ante el
rechazo moralista de este, percibiéndolo igual a su propio rechazo
de Antonina. En consecuencia, se puso de nuevo en contacto
con Antonina, diciéndole sin rodeos que no la amaba, pero que
estaba dispuesto a casarse con ella; luego dejó a Antonina para
que se ocupara de todos los preparativos de la boda, mientras él

escapaba de Moscú a la finca de un amigo, donde compuso dos tercios de la ópera en cinco semanas. Lo que siguió es bien conocido: la luna de miel fue una pesadilla, el desesperado Chaikovski intentó suicidarse y luego abandonó rápidamente a su mujer para emprender una larga gira por Europa occidental.[6] No se trata de utilizar el trauma de la vida real de Chaikovski como «clave» para entender su ópera, sino, por el contrario, de referirse a *Oneguin* como punto de referencia simbólico que codeterminó sus (re)acciones en la crisis de la vida real: percibió claramente su situación tras recibir una carta de Antonina a través del marco de la historia de *Oneguin:* el Chaikovski «real» volvió a escribir a Antonina, aceptando su propuesta, para no repetir el error de Oneguin. En la vida real, la carta de amor de la mujer llegó (finalmente) a su destino, mientras que, en la ficción, no lo consiguió. Lo más importante es recordar que, aunque Chaikovski simpatizaba plenamente con la situación de Tatiana, se identificaba con Oneguin y veía su rechazo de la oferta de Antonina como un paralelismo con el rechazo de Oneguin de la oferta de Tatiana: ¿no implica esto que también transpuso a Oneguin su propia razón para rechazar la carta de Antonina (es decir, la homosexualidad)?

Numerosos detalles del libreto y de la partitura confirman que Oneguin rechaza a Tatiana porque está más preocupado en flirtear con Lenski y darle celos que por cualquier cosa que tenga que ver con Olga o Tatiana. El triángulo amoroso que conduce al duelo es Lenski, Olga y Oneguin, pero no en el sentido de que los dos hombres compiten por Olga, sino que son Olga y Oneguin los que compiten por Lenski; es decir, Oneguin quiere que Lenski lo elija a él y no a Olga, como ya hizo Oneguin cuando rechazó a Tatiana. La razón por la que Oneguin decide provocar

6 Véase David Brown, «Eugene Onegin», notas a la versión cinematográfica de la ópera (grabación en vídeo: Londres, número de editor: Decca 071124-9, dirigida por Petr Weigl, bajo la batuta de Georg Solti).

II. El retrato de un caballero ruso gay

a Lenski coqueteando con Olga en el segundo acto no es la ridícula que se da en el libreto (está enfadado con Lenski, que le arrastró a un baile provinciano), sino la muestra de amor de Lenski por Olga: el mensaje de Oneguin es: «¡Dejé a Tatiana por ti, y tú no quieres dejar a Olga!».

Esto nos lleva a la segunda —y crucial— manifestación de *eros energúmenos:* el aria de Lenski que precede a la escena del duelo en el segundo acto. Aquí, Lenski finalmente devuelve amor, aunque ya es demasiado tarde: la secuencia de textos seleccionados del original de Pushkin y arreglados para esta escena indica que Lenski tiene en mente a Oneguin cuando canta «*zhelanni drug, pridi, ya tvoi suprug*» («deseado amigo, ven, soy tu marido...» ¡en ruso, *drug* es masculino!). La propia rima en ruso *drug-suprug* (deseado amigo – marido) coloca a Oneguin, y no a Lenski, en la posición de marido. (Los compositores de ópera recurren a menudo a este tipo de rimas para señalar una proximidad que desmiente la oposición oficial. Recordemos el comienzo de *Don Giovanni,* de Mozart, en que Leporello primero protesta vehementemente y no quiere seguir siendo criado; sin embargo, en el momento en que oye unos crujidos en el fondo, su primer pensamiento es no hacerse notar —una reacción natural de un criado, la inversión señalada por una rima: «Io non voglio più servir – Non mi voglio far' sentir»—). En la novela en verso de Pushkin, Lenski escribe estas palabras en una carta que envía en privado a Olga, pero la secuencia dramática en la ópera produce un efecto totalmente distinto, como si respondiera a este llamamiento, Oneguin aparece inmediatamente después de que se hayan cantado estas palabras:

Por la mañana temprano brilla la luz del alba
y el día comienza a clarear,
mientras yo, tal vez, ¡entraré
en la misteriosa sombra de la tumba!

Y la memoria de un joven poeta
será engullida por la lenta corriente del Leteo.
El mundo me olvidará; pero tú,
tú... Olga...
Di,
vendrás, doncella de belleza,
a derramar una lágrima sobre la urna prematura
y pensar: ¡él me amó!
¡Solo a mí dedicó
el triste amanecer de su vida azotada por la tormenta!
¡Oh, Olga, te amé,
solo a ti dediqué
el triste amanecer de mi vida azotada por la tormenta!
¡Oh, Olga, te amé!
Amada de mi corazón, mi deseada,
ven, ¡oh ven! Mi deseada,
ven, soy tu prometido, ¡ven, ven!
Te espero, mi deseada,
ven, ven; ¡soy tu prometido!
¿Adónde, adónde, adónde habéis ido,
días dorados, días dorados de mi juventud?

Zaretski vuelve junto a Lenski.

ZARETSKI: ¡Ah, aquí están!

Recuérdese la clásica escena de las primeras historias de detectives, en la que Sherlock Holmes comienza a revelar el secreto a un grupo reunido: «Y el asesino es...». En ese preciso momento, en mitad de la frase, un mayordomo (u otra persona) lo interrumpe, anunciando la llegada de un nuevo invitado: «"Lord Edgar", dijo el mayordomo». En el desenlace, por supuesto, nos enteramos de que había una verdad en esta superposición con-

tingente: Lord Edgar es efectivamente el asesino... El aria de
Lenski merecía ser citada *in extenso*. Cuatro momentos merecen
aquí un breve comentario. En primer lugar, como en la carta
de Tatiana, *aquí también* encontramos el tema de Tatiana imbri-
cado en la textura musical. Luego, está la fantasía de observar
la propia muerte: olvidado, solo Olga lo recuerda. Crucial es la
repetición de la misma línea en tercera y luego en primera persona: «¡Él me amó! ¡Solo a mí dedicó el triste amanecer de su
vida azotada por la tormenta! ¡Oh, Olga, te amé, solo a ti dediqué el triste amanecer de mi vida azotada por la tormenta!». Esa
identificación con el punto de vista del Otro es narcisismo en
estado puro. Esta fantasía es la pantalla cuya función es ofuscar
el rasgo clave de la situación actual: el amor de Lenski por Oneguin. Nótese el tiempo pasado de la declaración de amor a Olga
(en contraposición a la llamada presente a la amada por venir):
Te *amé* (como en Don Juan, donde Donna Anna consuela a
Don Ottavio: «¡Sabes cuánto te amé...!» hasta que me vi abru-
mada por la brutal seducción de Don Juan...). Los últimos versos («¿Adónde habéis ido, días dorados de mi juventud?») no son
más que una reflexión desesperada sobre la situación anunciada
por los versos precedentes, su mensaje es: «mis días dorados se
han ido, ahora me zarandea la salvaje pasión por Oneguin...». En
los días dorados que se han ido, Lenski amaba a Olga; ahora, es
el prometido de Oneguin. No es de extrañar que el dúo de
«¡Enemigos!», cantado por Oneguin y Lenski tras la tardía llegada
de Oneguin y justo antes del duelo, se establezca como un canon, haciendo que cada uno repita sus líneas casi tropezando
entre sí, más como un dúo de amor. (Además, el tema del aria
del acto I de Lenski «*Ya liubliú vas*» [«Te amo»], dirigido a Olga,
se escucha en la orquesta inmediatamente después del dúo de
Oneguin y Lenski —significativamente, *sin* las notas en las que
previamente se canta el nombre apositivo «Olga»). Oneguin y
Lenski cantan el dúo de espaldas el uno del otro, pues su atrac-

ción es demasiado intensa para mantener una confrontación
directa cara a cara:

¡Enemigos! ¿Hace tanto tiempo
que la sed de sangre nos separó?
¿Tanto tiempo hace que compartimos todo,
nuestras comidas, nuestros pensamientos, nuestro ocio,
como amigos? Ahora, enfurecidos,
como enemigos hereditarios,
nos preparamos en silencio y a sangre fría
para destruirnos mutuamente.
Oh, ¿no deberíamos echarnos a reír
antes de mancharnos las manos de sangre,
y no deberíamos separarnos como amigos?
¡No! ¡No! ¡No! ¡No!

Musicalmente, este breve dúo es muy extraño: emocionalmente
vacío, desinvertido, donde uno esperaría una explosión de apasionada desesperación, como si la inversión libidinal estuviera
demasiado caliente y tuviera que ser retirada, «reprimida». En
efecto, lo que tenemos aquí es el *final* (no, como en *Casablanca*,
el principio) de una hermosa amistad. Hay una profunda ambigüedad en el cuádruple *no* final (que presagia el cuádruple no
del acto III): ¿es «no, deberíamos detener el duelo y separarnos
como amigos» o «no, es demasiado tarde para eso»? ¿Y si el excesivo múltiple *no* es el *no* a la relación homosexual, un *no* más
fuerte que el mero rechazo, un *no* que oculta lo que se rechaza
y se desea?

Pero ¿existe también un *sí*, una dimensión afirmativa que
debería establecer un contrapeso a esta proliferación de *noes*?
Como corresponde a una ópera rusa, esta dimensión positiva la
aporta el pueblo llano encarnado en el Coro (criados y campesinos) del fondo. Este Coro no es la encarnación de la provincia

rusa, sino más bien la pantalla de fondo que ofusca el espíritu de la provincia: si uno quiere sentir toda la presión de la vida provinciana, uno debería imaginarse las escenas del acto I *sin* el Coro; solo así se haría palpable la desesperación provinciana. Sin embargo, si miramos más de cerca, vemos indicios de que el Coro no representa el espectáculo ideológico de la ingenua sabiduría virgen de la gente corriente. La canción inocente es la que cantan los campesinos que vuelven del trabajo para divertir a su señora Larina; sin embargo, antes de eso, su canción es una queja sobre lo cansados que están de trabajar duro:

LÍDER CAMPESINO
Me duelen las manos blancas de trabajar.
CAMPESINOS
... Dolor de trabajar.
Mi ardiente corazón me duele de cuidar.
No sé qué hacer, cómo olvidar a mi amor.
Mis rápidos piececitos ...

La banda de campesinos entra, los líderes llevan una gavilla decorada.

¡Saludos, su señoría, saludos, benefactora!
Venimos ante Vuestra Gracia llevando la gavilla decorada.
La cosecha ya está recogida.

LARINA
Eso es excelente. ¡Ahora a divertirse!
Estoy encantada de veros a todos.
¡Cantadnos algo alegre!

CAMPESINOS
¡Si eso es lo que quieres, madrecita!
Ven, vamos a entretener a la señora.

¡Ahora, niñas, formad un círculo!
¡Vamos, todos listos!

Los cansados campesinos interpretan así a inocentes felices que cantan una canción para satisfacer a su señora («¡Si eso es lo que quieres, madrecita! Ven, vamos a entretener a la señora»). (Recordemos la misma dualidad al principio de *Boris Godunov*: primero, el oficial de policía con un látigo ordena brutalmente a la multitud reunida que cante una súplica a Boris para que acepte la corona («Entonces, ¿qué os pasa? ¿Os habéis convertido en piedra? Rápido, de rodillas»). Entonces solo la multitud empieza a interpretar su propio papel «ruso», pidiendo a su «padre» Boris que no los deje como huérfanos y rogándole «con lágrimas, con amargas lágrimas» que acepte la corona). En una producción moscovita de *Oneguin* de 1928, se omitió esta escena de los siervos agradecidos que depositan su cosecha a los pies de un terrateniente, por considerarla «insultante para el Gobierno Obrero y Campesino», pero ¡no podían estar más equivocados! (Lo mismo puede decirse de la canción posterior de las campesinas que recogen bayas: no tiene nada de idílica, las obligan a cantar para que no puedan llevarse las bayas recogidas a la boca).

Serguéi Prokófiev escribió *Oneguin* como «música escénica» (opus 71) en 1936, cuando la Unión Soviética se preparaba para una gran celebración al año siguiente para conmemorar el centenario de la muerte de Pushkin; la representación se canceló en el último momento. En su versión «soviética», Prokófiev aborda precisamente estas cuestiones de «fondo», por lo que, quizás, la puesta en escena ideal del *Oneguin* de Chaikovski habría sido representarlo como un «programa doble» operístico, seguido de la versión de Prokófiev.

III. La joven y un río

Katja Kabanova de Janáček está basada en *La tempestad*, la obra teatral más popular de Aleksandr Nikoláievich Ostrovski (1823-1886), el escritor ruso que fue también un apasionado reformador social, profundamente preocupado por la codicia, la superstición y la estrechez de miras de la sociedad rusa de su tiempo.[1] Los personajes centrales de sus obras son exponentes de lo que los rusos llaman el *samodurstvo:* intolerancia, estrechez de miras, terquedad, inquebrantable e inamovible fariseismo que se manifiesta en la mente cerrada y la inclinación a la tiranía doméstica. La trágica ironía y el meollo de *La tempestad* es que Katerina (Katja) Kabanova, su heroína que se rebela contra el *samodurstvo,* está ya demasiado profundamente adoctrinada con el veneno contra el que se rebela: tan terriblemente fuerte y tan profundamente enraizado está el sentido del pecado, la superstición que invade esa estrecha sociedad, que Katerina no puede escapar a sus consecuencias. Durante una tormenta, cuando los vecinos del lugar han de buscar refugio en una iglesia en ruinas cubierta de antiguos frescos de los tormentos del Infierno, ella oye la cólera de los cielos en los truenos y los rayos, se viene abajo y confiesa su transgresión;

---

1   Dicho sea de paso, Janáček no fue el primero en poner *La tempestad* en música: nada menos que Chaikovski había ya escrito la obertura «La tempestad» (opus 76).

de la ruina de su vida que esta autoimputación causa solo le queda una escapatoria: el suicidio. Para los europeos del siglo XIX, Katerina no podía parecer, pues, sino una víctima débil y pasiva; pero para los rusos, en los que la pasividad y el fatalismo habían arraigado tras generaciones de servidumbre, ella era un símbolo de la revuelta, pues sus acciones hacen saltar por los aires el horizonte de aquellos atados por la tradición. Por ejemplo, la tradición insistía en que, como prueba de su devoción, una mujer había de prorrumpir en sonoros sollozos cuando su marido se ausentaba: abrazar a un marido en público y abandonar la casa para ir al encuentro de otro hombre eran infracciones increíbles de la conducta apropiada.

¿Qué hace, pues, Janáček con esta historia? Fundamentalmente, todo el aspecto de rebelión social, de la lucha de la Ilustración contra los prejuicios religiosos, desaparece: la Katja de Janáček es una víctima del destino disfrazado de una pasión ciega e incontrolable: ¿por qué? Deberíamos tener en cuenta el cambio en la situación histórica: Janáček escribió su ópera a comienzos del siglo XX, cuando el *samodurstvo* campesino ya no era una realidad directa que hubiera que combatir, sino cosa del (nostálgico) pasado, un universo cerrado de pasiones y de su represión ya no presente en la moderna sociedad industrializada. ¿Lo convierte esto en un mistificador ideológico, alguien que presenta una opresión históricamente determinada como destino eterno? La comparación con otra Katerina en otra ópera del siglo XX basada en una narración rusa similar —la *Lady Macbeth* de Shostakóvich— parece confirmar esta conclusión: la Katerina Izmaílova de Shostakóvich se rebela, mata a su marido y a su suegro, a diferencia de la Katerina Kabanova de Janáček, que solo es capaz de volver su violencia contra sí misma.

Lady Macbeth está basada en un famoso relato de terror de otro escritor ruso del siglo XIX, Nikolái Leskov, sobre el caso real de Katerina Izmaílova, la esposa de un comerciante en medio de la gran vastedad rusa, que se rebela contra su entorno patriarcal asesinando a su marido, a su suegro y al angelical sobrino de su marido. Ella y su amante, Serguéi, son descubiertos en el acto de matar al pequeño, y condenados al exilio en Siberia. De camino allí, Serguéi entabla relaciones con otra joven prisionera, a la que Katerina asesina saltando con ella a un río helado en el que ambas se ahogan. Shostakóvich convirtió este escalofriante relato en una moralidad soviética: las condiciones objetivas en las que Katerina se vio obligada a vivir justifican sus actos de violencia, que no son crímenes, sino actos de liberación feminista. (Por supuesto, en tal reinterpretación el tercer asesinato tenía que omitirse). A fin de conseguir esta reinterpretación, Shostakóvich combinó la Katerina de Leskov con la Katerina de Ostrovski, ofreciendo como motivación de sus actos el despertar de la libido:

> Para conseguir el efecto, en el libreto se inserta toda una escena de la obra de Ostrovski (el juramento de fidelidad de Katerina); y Shostakóvich se refería a su heroína con el mismo famoso epíteto —«un rayo de luz en el Reino Oscuro»— con que un escritor radical del siglo XIX había honrado a la gentil heroína de Ostrovski sesenta años antes. [...] Shostakóvich [...] describía la diferencia entre la dócil de Ostrovski y su desbocada heroína como aquella entre las tibias protestas de un escritor zarista y los triunfales logros del realismo socialista. Su Katerina, anunciaron orgullosamente, no era un mero rayo de luz, sino la plena irradiación del sol marxista.[2]

El enfoque desde el que Leskov aborda esta historia se indica en su primera frase: «En nuestras regiones se encuentra a veces a ciertos personajes a quienes no se puede recordar sin un escalo-

---

2   Richard Taruskin, «A Martyred Opera Reflects Its Abominable Time», *The New York Times,* 6 de noviembre de 1994.

frío, por muchos años que hayan pasado desde el día en que los conocimos». Tras el asesinato de su suegro, su Katerina se ve arrastrada a una vorágine de crímenes casi inevitables que la llevarán a su propia muerte: todo comienza con un error, un primer crimen, razón por la que el lema que precede al relato de Leskov es un dicho popular: «¡Piénsatelo dos veces antes de dar el primer paso!». De ahí que sea en realidad un cuento moral, ejemplar. En la ópera, este tono de crónica realista, horripilante, moralizadora, es sustituido por una focalización en el personaje principal, que se ofrece como figura de nuestra identificación. Katerina Izmaílova es una especie de Madame Bovary desenfrenada, que reacciona contra la embrutecedora situación de su insatisfactorio matrimonio con una salvaje explosión de violencia asesina, en una larga tradición que va desde el naturalismo de la *Thérèse Raquin* de Zola hasta el *film noir* norteamericano (*El cartero siempre llama dos veces*). Dentro de esta tradición, la misoginia está inextricablemente ligada al potencial feminista: es la desesperada situación patriarcal la que lleva a una mujer a un estallido tal de violencia.

Uno de los aspectos más escandalosos de *Lady Macbeth* de Shostakóvich es la gráfica representación orquestal del primer intercambio sexual violentamente apasionado entre Katerina y Serguéi en el acto III: la «exteriorización» detallada de los jadeos y embestidas del acto sexual, incluidos los deslizamientos explícitos de la vara del trombón, que ofrecen una interpretación semicómica del alivio posorgásmico. Al oír la representación orquestal del acto sexual en *Lady Macbeth*, uno casi se siente tentado a coincidir con el camarada Stalin, quien, tras abandonar furioso el teatro Bolshói después de esta misma escena, en su infinita sabiduría ordenó que se publicara el artículo anónimo «Caos en lugar de música» en la edición del 28 de enero de 1936 de *Pravda*, en el que se dice: «La música grazna, ulula, jadea y resopla para expresar las escenas de amor con la mayor naturalidad posible». El propio Prokófiev designó irónicamente la música de *Lady Macbeth* de Shostakóvich como el siguiente paso en el progreso de la monofonía a la polifonía: la «pornofonía». Sin embargo, la redención de los dos asesinatos de Katerina por parte de Shostakóvich, como actos justificados de una víctima de la opresión patriarcal, es más ominosa de lo que puede parecer: el precio de esta justificación, la única forma de hacer que los asesinatos sean comprensibles, es la denigración e incluso deshumanización de las víctimas (el padre de su esposo es retratado como un viejo lascivo y rufián, mientras que el hijo es un débil impotente sin caracterización clara, evitada para no generar simpatía por él en la escena del asesinato). Además, Taruskin tenía razón al subrayar el contexto histórico de la ópera: los años del implacable terror contra los *kulaks*. ¿No son acaso el padre y el hijo asesinados dos *kulaks* ejemplares? En los dos primeros años de las exitosas representaciones de la ópera, antes de la prohibición de Stalin, ¿era posible que el público no percibiera cómo su contenido violento se hacía eco de la violencia de la «deskulakización»? La condena oficial de la ópera no debería impedirnos ver que se trata de una obra profundamente perturbadora y estalinista, que legitima la campaña asesina en curso contra los *kulaks*. La conclusión de Taruskin es, pues, que *Lady Macbeth* es «una obra de arte profundamente inhumana»: «Si alguna vez una ópera mereció ser prohibida, fue esta, y las cosas no cambian por el hecho de que su prohibición fuera por razones equivocadas y odiosas».[3]

Podemos, por tanto, establecer una matriz de cuatro posiciones con respecto a la manera en que Janáček y Shostakóvich se relacionan con sus modelos literarios: Shostakóvich transforma la descripción naturalista-moralista por parte de Leskov de un monstruo moral en una historia de agresiva rebelión femenina; Janáček transforma la compasiva historia de la víctima de la su-

---

3 Richard Taruskin, *Defining Russia Musically*, Princeton (NJ), Princeton University Press, 1997, p. 509.

perstición religiosa y la opresión social ofrecida por Ostrovski en un drama de pasiones elementales. Otra manera de elaborar la comparación entre Janáček y Shostakóvich es con respecto al acto sexual, la consumación de la aventura amorosa, que tiene lugar en mitad de ambas óperas: Shostakóvich la presenta totalmente en escena, mientras que en la ópera de Janáček ocurre tras la escena, en el espacio *off*. ¿Epitomiza este rasgo el «progreso» de Shostakóvich más allá de la mojigata compostura de Janáček, que también se refleja en la opuesta resolución de los aprietos de Katerina? En la ópera de Janáček, Katerina se desmorona, confiesa su acto y se suicida; mientras que la Katerina de Shostakóvich se rebela violentamente contra sus opresores: una vez más, ¿es esto «progreso» o no? ¿Y la tercera, moderna y secular resolución de la misma tensión, con Katerina simplemente abandonando a su marido y a la familia de este, por no mencionar la versión cómica (Katerina continúa engañando a su marido)? ¿Seguiría siendo esto material operístico?

Volvamos al acto II de *Kabanova*. La pareja formada por Katerina y su amante Boris se presenta como única en su clase, en claro contraste con otras dos parejas: la fracasada relación de Katja y Boris se sitúa entre dos parejas que funcionan bien, la pareja «normal» de Varvara y Kudriash, dos jóvenes cuya relación es una simple y gozosa aventura amorosa y que, al final, deciden partir a Moscú para llevar allí una vida libre; la pareja «patológica» de Kabanikha y Dikoy, monstruos morales que, de puertas afuera, se muestran respetuosos, pero practican la crueldad con «buenas maneras» y cuya relación se basa en el juego sadomasoquista de encontrar satisfacción en la autohumillación y la tortura del otro. La paradoja de Katja es que su actitud subjetiva es diametralmente opuesta a la de una mujer fácil y coqueta: ella es una esposa perfecta, religiosa, humilde, amorosa, servicial; *por eso* Kabanikha, su suegra, la odia, por así decir, ontológicamente, y trata de destruirla en su mismo ser. Kabanikha no puede tolerar el verdadero afecto, el solapamiento de los afectos íntimos y la forma externa: para ella ha de haber una brecha entre ambas, la *forma* debe ser «hipócrita». Así que cuando, al comienzo del acto II, Kabanikha critica a Katja por no dar muestras de aflicción por la ausencia de su marido, lo que le está reprochando no es su insinceridad, sino, precisamente, su falta de insinceridad, su incapacidad para llevar a cabo un hipócrita ritual de aflicción.

Cuando Kabanikha le exige a Katerina que finja el ritual del duelo, podría parecer que recurre a un punto en el que los alcohólicos anónimos coinciden con Pascal: «¡Arrodillaos, actuad *como si* creyerais, y la fe vendrá por sí misma!». Sin embargo, esta causalidad del hábito es más compleja de lo que parece: lejos de ofrecer una explicación de cómo surgen las creencias, en sí misma requiere una explicación. Lo primero que hay que precisar es que hay que entender que el «¡Arrodíllate y creerás!» de Pascal debe entenderse como una especie de causalidad autorreferencial: «¡Arrodíllate y creerás *que te arrodillaste porque creíste*!». Lo segundo es que, en el funcionamiento «normal» y cínico de la ideología, la creencia se desplaza hacia otro, un «sujeto que se supone que cree», de modo que la verdadera lógica es: «Arrodíllate y *harás que otro crea*». Hay que tomar esto al pie de la letra e incluso arriesgarse a una especie de inversión de la fórmula de Pascal: «¿Creéis demasiado, de forma demasiado directa? ¿Encontráis que vuestra fe es demasiado opresiva en su inmediatez? Entonces arrodillaos, actuad como si creyerais, y *os libraréis de vuestra fe*: ya no tendréis que creer; vuestra fe ya existirá objetivada en vuestro acto de rezar». Es decir, ¿y si uno se arrodilla y reza no tanto para recuperar la fe, sino, al contrario, para *librarse* de la fe, de su excesiva proximidad: para darse el respiro de una mínima distancia con respecto a ella? Creer —creer «directamente», sin la mediación externalizadora de un ritual— es una carga pesada, opresiva, traumática, que, mediante el esfuerzo del ritual, uno tiene la oportunidad de transferir a Otro...

Niels Bohr, que dio la respuesta correcta al «Dios no juega a los dados» de Einstein («¡No le digas a Dios lo que tiene que hacer!»), también proporcionó el ejemplo perfecto de cómo funciona en la ideología esa negación fetichista de la creencia: al ver una herradura en su puerta, un visitante sorprendido le dijo que no creía en la superstición de que traía suerte, a lo que Bohr replicó: «¡Yo tampoco creo en ella; la tengo ahí porque me dijeron que también funciona si uno no cree en ella!». Lo que esta paradoja manifiesta es que la creencia es una actitud reflexiva: nunca se trata simplemente de creer, sino que hay que creer en la propia creencia. Por eso Kierkegaard tenía razón al afirmar que en realidad no creemos (en Cristo), sino que creemos que creemos, y Bohr no hace sino confrontarnos con el reverso lógico de esta reflexividad: también es posible no creer en nuestras propias creencias, lo cual, quizás, sea la única manera de sostenerlas. De un modo perverso, Kabanikha tiene razón.

Tanto *Katja Kabanova* como *Jenufa*, la otra obra maestra de Janáček, están insertas en un universo matriarcal que resulta ser no menos opresivo que el patriarcal; sin embargo, mientras que en *Katja* el matriarcado se presenta como malevolente, como el reino del mal pervertido e hipócrita, en *Jenufa* es una fuerza benevolente. Sacristia, la suegra de Jenufa, se sacrifica por ella, matando al hijo recién nacido a fin de hacer posible su matrimonio: en *Jenufa,* la confesión no es de Jenufa, sino de Sacristia. Fue Max Brod, junto con nada menos que Kafka, amigo personal y admirador de Janáček, quien advirtió este rasgo clave compartido por *Jenufa* y *Katja:* la confesión pública.[4] Este rasgo en común, sin embargo, no hace sino tanto más palpable el contraste entre los dos casos: en *Jenufa,* el crimen es verdaderamente un crimen, pero justificado en cuanto un acto de amor que, en efecto, salva a Je-

---

4   M. Brod, «Katia Kabanova», en *Katia Kabanova: L'Avant-Scène Opéra,* París, Éditions Premières Loges, 1988, p. 5.

nufa (deshaciéndose del hijo no deseado, Jenufa puede casarse y llevar una vida normal), y la confesión misma se hace también por amor (para salvar a Jenufa, sospechosa de haber matado a su hijo); mientras que en *Katja* el crimen (la aventura amorosa) no es verdaderamente un crimen en absoluto, y su confesión pública es «irracional»: lejos de salvar a la heroína, la lleva a su destrucción.

Es en el seno de tal premoderno universo matriarcal donde las fuerzas naturales (el río Volga y la tempestad) pueden desempeñar un papel que es mucho más que una metáfora de las pasiones humanas. El río es la pacífica sustancia que todo lo abarca, la Gran Madre que prosigue su camino indiferente a nuestros afanes y aventuras; mientras que la tempestad representa lo contrario, el momento de la rabia vengativa y los estallidos violentos contra nuestros esfuerzos humanos. Esta fuerza natural es lo que Jacques Lacan llamaba el «gran Otro», lo real sustancial, la brújula de toda nuestra existencia, aquello que «siempre vuelve a su lugar» y con ello marca las coordenadas básicas de nuestras vidas: como corresponde a una sociedad matriarcal agrícola, el ritmo de la vida se estructura en relación con los ciclos naturales (las estaciones; el día y la noche). Con la moderna sociedad industrial patriarcal, este infalible gran Otro desaparece, como ejemplifica el uso de la electricidad, que abole la noche, su impenetrable profundidad: la paradoja es que el núcleo del sujeto moderno se convierte en la «Noche del Mundo» en el mismo momento en que desaparece la noche real. Para la histérica heroína de *Erwartung* [La espera] de Schönberg, no hay noche, ninguna brújula natural que provea un firme punto de orientación en su vida.

Recordemos la reescritura de Paul Robeson de su legendaria canción «Ol' Man River» como modelo de intervención crítico-ideológica simple y eficaz. En la versión original del musical de Hollywood *Showboat* (1936), el río (Misisipi) se presenta como la encarnación del enigmático e indiferente Destino, un viejo sabio que «debe saber algo, pero no dice nada», y simplemente sigue su curso, conservando su sabiduría silenciosa. En la nueva versión —ahora disponible en, entre otras grabaciones, la de su célebre concierto de Moscú en 1949 (*Russian Revelation*, RV 70004) con una breve introducción locutada por el propio Robeson en perfecto ruso—, el río ya no es el portador de una sabiduría colectiva anónima e inescrutable, sino, más bien, el portador de un destino colectivo, de una tolerancia estúpida y pasiva ante el sufrimiento sin sentido. Esta transición del estatus del gran Otro de sabiduría a estupidez es crucial. He aquí las líneas finales de la canción original: «Get a little drunk, / an' you land in jail. / But I gets weary, / and sick of tryin', / I'm tired of livin', / and scared of dyin'. But that ol' man river / Keeps rollin' along» [Te emborrachas un poco / y acabas en la cárcel. / Pero me agoto, / me harto de intentarlo, / estoy cansado de vivir / y tengo miedo de morir. / Pero ese viejo río sigue fluyendo]. Y aquí está la versión cambiada: «You show a little grit, / an' you lands in jail. / But I keeps laughin', / instead of cryin', / I must keep fightin', / until I'm dyin'. / And ol' man river, / he'll just keeps rollin' along» [Muestras un poco de coraje / y acabas en la cárcel. / Pero sigo riendo, / en vez de llorar, / he de seguir luchando / hasta morir. / Y el viejo río simplemente seguirá fluyendo]. Lo que se consigue con el cambio de palabras no es el simple paso de la aceptación pasiva del destino al compromiso y la lucha optimistas y activos, pues recordemos que la última línea de la nueva versión sigue siendo la misma: «And ol' man river, / he'll just keeps rollin' along». En otras palabras, el Destino ciego permanece, pero se le despoja de su aura de Sabiduría inescrutable, reducido no simplemente a la contingencia histórica, sino a la estupidez inherente del gran Otro ideológico. Esto es lo que aún no ocurre en *Katja Kabanova*, esta reducción del «gran Otro» a un mecanismo estúpido y sin sentido.

Sin embargo, la cuestión sigue siendo: *¿por qué* la tempestad produce una impresión tan fuerte en Katja que la hace confesar públicamente su aventura y luego suicidarse reuniéndose con el río, la Sustancia materna que todo lo abarca? El lugar en el que la tempestad sorprende y lleva a Katja a confesar su acto ha cambiado en la ópera de Janáček; en el relato de Ostrovski, es una iglesia en ruinas, y Katja queda horrorizada cuando un relámpago ilumina las imágenes de los pecadores que sufren en el Infierno; mientras que en la ópera de Janáček son simplemente «las bóvedas de un edificio viejo y decrépito», sin ninguna connotación religiosa que haría que el desmoronamiento de Katja dependiera de la «opresión religiosa». Así que ¿por qué Katja confiesa y luego se suicida? No es simplemente «la moralidad religiosa interiorizada» la que le impide liberarse; es más bien el hecho de que, tras consumar su aventura amorosa,

> se da cuenta de que no puede permanecer encerrada en un matrimonio sin amor una vez experimentada la verdadera felicidad. [...] El suicidio de Katja, pues, es al mismo tiempo una aceptación de la derrota y una liberación. [...] Aunque en la muerte hay tristeza, para Katja la tragedia real habría sido continuar viviendo.[5]

¿No es esta una situación similar a la del final del *Titanic* de Cameron (otra aventura amorosa que acaba en muerte por ahogamiento)? La verdadera tragedia para la pareja habría sido seguir juntos.

El elemento crucial en la larga aria del suicidio de Katja es la repetida insistencia en su bloqueada intención-de-significar, en su incapacidad para poner en palabras lo que quiere decir. En primer lugar, ella explica a Boris por qué confesó públicamente su aventura: «¡No quería perjudicarte! Debí de perder el juicio cuando lo desvelé todo. ¡No es eso! ¡No es eso! ¡Yo quería decirte algo diferente!». Y, un poco más tarde: «Pero ¡no, no! ¡Aquí estoy

---

5 David Hurwitz, en las notas que acompañan a la grabación de Supraphon de *Katja Kabanova* (Orquesta Filarmónica Checa / Charles Mackerras).

hablando de otra cosa! ¡Y yo quería decirte otra cosa!». Y, de nuevo: «¿Qué es lo que quería decir? ¡Hay tal caos en mi cabeza! No recuerdo nada». ¿Qué es lo que le resulta a Katja tan difícil poner en palabras? ¿Qué punto muerto le molesta? Afecta precisamente al estatus de su confesión: lejos de estar causada por un sentimiento religioso de culpa, de haber cometido un pecado mortal, su confesión pone en práctica un *utópico sueño de admisión pública de su amor,* su negativa a tratarlo como un asunto secreto. En este sentido preciso, *Katja Kabanova* es el verdadero antípoda del *Tristán* de Wagner.[6] El mito de *Tristán e Isolda* fue el primero en expresar plenamente el axioma del amor cortés: el amor es un acto de transgresión radical que suspende todos los vínculos sociosimbólicos y, como tal, debe culminar en la autoobliteración extática de la muerte. (El corolario de este axioma es que el amor y el matrimonio son incompatibles: dentro del universo de obligaciones sociosimbólicas, el verdadero amor solo puede ocurrir bajo la apariencia de adulterio). ¿Por qué es insuficiente esta noción de la autoobliteración extática adúltera que transgrede los límites del matrimonio? Hay algo en el matrimonio que se pierde cuando lo ubicamos en la oposición entre, por un lado, su papel legal-económico (garantizar la herencia, etcétera) y, por otro, su papel psíquico, emocional: el acto simbólico de declarar públicamente el apego mutuo e incondicional de las dos personas implicadas. Este acto *no* debe reducirse a la expresión de los sentimientos de uno, ya que, en cierto sentido, declara: «¡Estamos comprometidos el uno con el otro, *al margen de* las fluctuaciones de nuestros sentimientos!». Así, cuando, por ejemplo, Judith Butler insiste, en contra de la demanda de reconocimiento de los matrimonios homosexuales, en la necesidad de disociar la forma del matrimonio de los derechos concretos que se otorgan legal-

6 En lo que sigue me baso en mi lectura de *Tristán* en el capítulo I de Slavoj Zizek, *Der zweite Tod der Oper,* Berlín: Kadmos 2002.

mente a los sujetos casados (atención sanitaria, cuidado infantil, herencia...), el problema sigue siendo lo que queda de esta forma en sí misma, del acto simbólico formal del matrimonio que proclama públicamente el compromiso más íntimo. ¿Y si, en nuestro mundo posmoderno de la transgresión por decreto, en el que el compromiso matrimonial se percibe como ridículamente pasado de moda, aquellos que se adhieren a él fueran los verdaderos subversivos? Deberíamos recordar una vez más la perspicaz observación de G. K. Chesterton, en su «Una defensa de los relatos policíacos», sobre cómo el relato policíaco

mantiene en cierto sentido vivo el hecho de que la civilización misma es la más sensacional de las fugas y la más romántica de las rebeliones. Cuando en una novela policíaca el comisario se queda a solas y de alguna manera fatuamente sin miedo en medio de los cuchillos y puños de la cocina de un ladrón, eso, desde luego, sí sirve para hacernos recordar que es el agente de la justicia social quien es la figura original y poética, mientras que los atracadores y asaltantes de caminos son meramente viejos y plácidos conservadores cósmicos, felices en la inmemorial respetabilidad de los monos y los lobos. [La novela policíaca] se basa en el hecho de que la moralidad es la más oscura y osada de las conspiraciones.[7]

¿Y si lo mismo valiera, pues, para el matrimonio? ¿Y si, hoy en día, el matrimonio fuera «la más oscura y osada de todas las transgresiones»? Cuando, en 1916, la (en aquel momento ex) amante de Lenin, Inessa Armand, le escribió que incluso una pasión fugaz era más poética y limpia que los besos sin amor entre hombre y mujer, él respondió: «Besos sin amor entre cónyuges vul-

7 G. K. Chesterton, «A Defense of Detective Stories», en H. Haycraft (ed.), *The Art of the Mystery Story,* Nueva York, The Universal Library, 1946, p. 6.

gares son inmundos. Estoy de acuerdo. Hay que contrastarlos...
¿con qué? Parecería que: con besos con amor. Pero contrastas
"una pasión efímera" (¿por qué efímera? ¿y por qué no amor?
) y queda como si los besos sin amor (fugaces) se contrastaran con
los besos conyugales sin amor... Es extraño». La respuesta de Lenin suele descartarse como una prueba de su restricción sexual
pequeñoburguesa, sostenida por su amargo recuerdo de la aventura pasada; sin embargo, hay algo más en ella: la comprensión de
que los «besos sin amor» maritales y la «aventura efímera» extramarital son las dos caras de la misma moneda: ambos evaden
combinar lo Real de un apego apasionado e incondicional con la
forma de la proclamación simbólica. La suposición implícita (o,
más bien, la exigencia) de la ideología estándar del matrimonio
es precisamente que no debería haber amor en él: uno se casa
para curarse del apego apasionado excesivo, para reemplazarlo
con la monótona costumbre diaria (y si uno no puede resistir la
tentación de la pasión, para eso están las aventuras extramatri-
moniales...): ¡*Kabanikha!* En consecuencia, la subversión defini-
tiva es *nombrar* la unión amorosa, proclamarla públicamente en
lugar de ocultarla. La trama de *El amor de Aliosha*, una película
soviética de principios de los sesenta (la época del llamado «des-
hielo de Jruschov»), transcurre entre un grupo de geólogos que
acampan cerca de un pequeño pueblo en medio de la tundra
siberiana. El joven Aliosha se enamora de una chica del pueblo;
a pesar de todos los problemas que acompañan su amor (al principio, la chica se muestra indiferente hacia él; los compañeros de
su exnovio le propinan una brutal paliza; sus propios colegas
mayores se burlan cruelmente de él; etcétera), Aliosha dedica todo
su tiempo libre a dar largas caminatas hasta el pueblo para echar
un vistazo desde lejos a la muchacha. Al final de la película, la
chica cede ante la fuerza de su amor: pasa de ser la amada a ser
la que ama, se lanza ella misma a la larga caminata y se une
a él en el campamento. Los colegas de Aliosha que trabajan en

la colina sobre el campamento suspenden su excavación, se levantan y siguen en silencio a la chica que se acerca a la tienda de Aliosha: se acabó la distancia cínica y la burla, el Gran Otro mismo se ve obligado a reconocer su derrota, su fascinación ante la fuerza del amor: ocurre la inversión sublime cuando el amor apasionado del héroe es finalmente reconocido públicamente por sus aparentemente ignorantes y cínicos compañeros. En última instancia, el matrimonio es una proclamación pública de este tipo: un *compromiso* simbólico, no solo una expresión de nuestras emociones (fluctuantes); en la ceremonia matrimonial, se hace un juramento, se da la palabra. Por eso, Romeo y Julieta son justamente lo opuesto de Tristán e Isolda: su objetivo no es mantener una aventura secreta (podrían haberlo hecho sin perturbar la guerra entre sus respectivas familias), sino casarse, proclamar de inmediato ante el público su compromiso mutuo.

Flaubert ya dio un paso crucial para socavar las coordenadas de la noción transgresora del amor. ¿Por qué *Madame Bovary* fue llevada a juicio? No, como se suele afirmar, porque retrata el encanto irresistible del adulterio y, de este modo, socava los fundamentos de la moral sexual burguesa. *Madame Bovary* más bien invierte la fórmula estándar de la novela popular en la que los amantes adúlteros son castigados al final por su goce transgresor: en este tipo de novela, por supuesto, el castigo final (enfermedad mortal, exclusión social) solo aumenta la atracción fatal de la aventura adúltera, permitiendo al mismo tiempo que el lector se deleite en esta atracción sin sufrir las consecuencias. Lo que resulta tan profundamente perturbador y deprimente de *Madame Bovary* es que nos priva incluso de este último refugio: retrata el adulterio en toda su miseria, como una falsa escapatoria, un momento inherente del anodino y gris universo burgués. Por eso hubo que llevar a juicio a *Madame Bovary*: priva al individuo burgués de la última esperanza en que es posible una escapatoria de los límites de la absurda vida cotidiana. Una apasionada relación extramarital no solo no supone amenaza alguna para el amor conyugal; más bien, funciona como una especie de transgresión inherente que provee el apoyo fantasmagórico directo al vínculo conyugal y, por consiguiente, participa en lo que pretende subvertir. Es la misma creencia en que, fuera de los límites del matrimonio, en la transgresión adúltera, podemos obtener realmente «eso», la plena satisfacción, la que se ve cuestionada por la actitud histérica: la histeria implica la aprehensión de que lo «real» mismo tras la máscara de la etiqueta social está vacío, es un mero espejismo. Si hay un rasgo que sirva como claro indicio de la modernidad —de Strindberg a Kafka, de Munch a *Erwartung* de Schönberg—, es la aparición de la figura de la mujer histérica, que representa la disarmonía radical en las relaciones entre los dos sexos. Wagner aún no se atreve a dar este paso a la histeria: el problema con él no es la histeria (como Nietzsche pensaba), sino, más bien, que no es lo bastante histérico. Aunque sus dramas contienen todas las variaciones posibles sobre cómo «el amor puede salir mal», todo esto sucede sobre el fantasmagórico trasfondo del poder redentor de una relación sexual plena: el propio desenlace catastrófico de la acción escénica parece afirmar *per negationem* la creencia en el poder redentor del amor sexual. Claramente, no es solo una coincidencia que *Erwartung* de Schönberg, la primera verdadera obra maestra de la música atonal, pusiera tonos al poema encargado por Schönberg a Marie Pappenheim, una poeta menor que pertenecía al círculo íntimo de Freud y que escribió el poema siguiendo las detalladas instrucciones de Schönberg.

Así pues, ¿a qué época pertenece la *Katja* de Janáček? A la época limitada, de un lado, por el Romanticismo, por su noción del mal radical («el placer en el dolor»), y, del otro, por Freud, por el impacto directo del psicoanálisis sobre las artes: ¿por qué? Lacan situaba el punto de partida del movimiento de ideas que acabó por dar nacimiento al psicoanálisis en la ética kantiana (su crítica de la razón práctica), y la noción romántica del «placer en el dolor». Es esta época la única que provee el apropiado fondo para lo que engañosamente se llama «el psicoanálisis aplicado». Antes de este, estábamos en un universo en el que el Inconsciente no era todavía operativo, en el que el sujeto era la Luz de la Razón opuesta a la Noche impersonal de las pulsiones, y no, en el propio núcleo de su ser, esa misma Noche; después, el mismo impacto del psicoanálisis transformó la práctica de la creación literaria (las obras de teatro de Eugene O'Neill, por ejemplo, ya presuponen el psicoanálisis, mientras que Henry James y Katherine Mansfield no). Y este es también el horizonte en que se mueve *Katja Kabanova:* este espacio de la inocencia heroica del Inconsciente en el que las pasiones irresistibles campan a sus anchas. Es solo en este espacio donde se puede utilizar la tempestad como metáfora de la explosión de la frustrada sexualidad femenina. Por eso *Katja Kabanova* sigue siendo una ópera: el momento del nacimiento del psicoanálisis (a comienzos del siglo XX) es también el momento de la muerte de la ópera... Como si, después del psicoanálisis, la ópera, al menos en su forma tradicional, ya no fuera posible. No tiene nada de extraño, pues, que las resonancias freudianas abunden en la mayoría de las aspirantes al título de la «última ópera» (por ejemplo, *Lulu* de Berg).

La comprensión de esto nos permite explicar el enigma esencial de obras como *Katja Kabanova* y *Jenufa.* ¿Son en realidad simplemente la condena de costumbres opresivas que frustran la sexualidad femenina? ¿Por qué este recurso a la opresión exterior en el mismo momento en el que, en la realidad social, entramos plenamente en la era industrial? ¿No será que, por debajo de la condena, hay un recurso nostálgico a una situación en la que *las pasiones reales aún eran posibles* y solo las frustraba la opresión? *Erwartung* de Schönberg dice la amarga verdad sobre el anhelo de Jenufa y Katerina: que es frustrado *en sí mismo.*

IV. La representación de la histeria femenina

Cuando Anton Webern le propuso a Arnold Schönberg que escribiera la partitura para un concierto en Barcelona, Schönberg respondió: «He hecho muchos amigos aquí que nunca han escuchado mis obras pero que juegan al tenis conmigo. ¿Qué pensarán de mí cuando escuchen mis horribles disonancias?».[1] Aquí está concentrado todo Schönberg: la conciencia de lo radicalmente innovador de su obra, pero mezclada con amabilidad e ironía. No había envidia en él; Schönberg era amigo de Gershwin y disfrutaba de la compañía de los compositores populares norteamericanos. Y tenía razón: su obra era insoportablemente demoledora, una parte clave de la novedad modernista; el único y auténtico Acontecimiento artístico del siglo XX (sea lo que sea, el posmodernismo no es un Acontecimiento).

En su *Filosofía de la historia*, Hegel da una maravillosa caracterización del libro de Tucídides sobre la guerra del Peloponeso: «su obra inmortal constituye la ganancia absoluta que la humanidad ha obtenido de aquella lucha».[2] Debería leerse este juicio en toda su ingenuidad: en cierto modo, desde el punto de vista

---

1 Citado en Richard Taruskin, *Music in the Early Twentieth Century*, Oxford, Oxford University Press, 2010, p. 45.
2 Citado en Georg Wilhelm Friedrich Hegel, *Lecciones sobre la filosofía de la historia universal*, trad. de J. Gaos, Madrid, Alianza, 1999, p. 479.

de la historia mundial, la guerra del Peloponeso tuvo lugar de manera que Tucídides pudiera escribir un libro sobre ella. ¿Y si algo similar valiera para la relación entre la explosión del modernismo y la Primera Guerra Mundial, pero en el sentido contrario? La Gran Guerra no fue la ruptura traumática que hizo añicos el progresismo del siglo XIX, sino que fue una reacción a la auténtica amenaza al orden establecido: la explosión de la vanguardia artística, científica y política que estaba socavando la visión del mundo establecida (el modernismo artístico en literatura, de Kafka a Joyce; en música, de Schönberg a Stravinski; en la pintura Picasso, Malévich, Kandinski; el psicoanálisis, la teoría de la relatividad y la física cuántica; el ascenso de la socialdemocracia...). Esta ruptura —condensada en 1913, el *annus mirabilis* de la vanguardia artística— fue tan radical en su apertura de nuevos espacios que, desde nuestra historiografía especulativa, es tentador afirmar que el estallido de la Gran Guerra en 1914 fue, desde el punto de vista «espiritual», una reacción a este Acontecimiento. O, por parafrasear a Hegel, el horror de la Primera Guerra Mundial fue el precio que la humanidad tuvo que pagar por la inmortal revolución artística de los años inmediatamente anteriores a la guerra. En otras palabras, debemos invertir la idea seudoprofunda según la cual Schönberg y los demás adelantaron los horrores de la guerra del siglo XX: ¿y si el auténtico Acontecimiento fue 1913? Es crucial centrarse en este momento explosivo intermedio, entre la complacencia de finales del siglo XIX y la catástrofe de la Primera Guerra Mundial; 1914 no fue un despertar, sino el contundente y violento retorno de un sueño patriótico destinado a bloquear el auténtico despertar. El hecho de que los fascistas y otros patriotas odiaran la vanguardia en cuanto *entartete Kunst* [arte degenerado] no es un detalle marginal, sino una característica clave del fascismo.

Nada resume más claramente el violento impacto de la ruptura de la vanguardia que el (tristemente) famoso *Skandalkonzert* del 31 de marzo de 1913, un concierto de la Wiener Konzertverein dirigido por Schönberg. Aquí está el programa: las *Seis piezas para orquesta* de Webern, las *Cuatro canciones orquestales sobre poemas de Maeterlinck* de Zemlinsky, la *Sinfonía de cámara* n.º 1 de Schönberg, las *Cinco canciones orquestales sobre textos postales de Peter Altenberg* de Berg, y «Ahora el sol despuntará tan claro» de Mahler (número 1 de las *Canciones a los niños muertos*). Sin embargo, la partitura de Mahler no fue interpretada porque el concierto acabó prematuramente: fue durante la interpretación de las canciones de Berg cuando comenzó la pelea, entre los gritos del público pidiendo que tanto el poeta como el compositor fueran encerrados en el manicomio.

La *Sinfonía de cámara n.º 1* de Schönberg interpretada fue compuesta siete años antes, en 1906, pero la obra que de veras representa su revolución musical es *Erwartung* (opus 17, compuesta en 1909). *Erwartung* [La espera] es un doble Acontecimiento, máximo y mínimo. En primer lugar, fue un punto de inflexión en la historia de la música: nada siguió siendo lo mismo después de *Erwartung,* las coordenadas de todo el paisaje musical se transformaron. Sin embargo, no deberíamos olvidar que *Erwartung* simultáneamente presenta un Acontecimiento mínimo: un cambio subjetivo apenas perceptible en la «vida interior» de su protagonista. Esta ópera de un solo acto y treinta minutos de duración —o más bien, un monólogo para un solo de soprano acompañado por una gran orquesta—, y con libreto de Marie Pappenheim, se estrenó en 1924 en Praga bajo la batuta de Alexander Zemlinsky. Pappenheim estudió Medicina, pero tanto su hermano como su futuro marido fueron psicoanalistas; es más, su prima segunda, Bertha Pappenheim, fue tratada de histeria por Joseph Breuer; ella es la famosa «Anna O.», paciente del primer caso de estudio presentado en los *Estudios sobre la histeria* de Breuer y Freud.

El arte y el inconsciente

Aunque hay una gran tradición de representar a las mujeres histéricas en la música de finales del siglo XIX y comienzos del siglo XX —desde Kundry en el *Parsifal* de Wagner hasta *Salomé* y *Electra* de Strauss, así como con la joven elegida para el sacrificio en *La consagración de la primavera* de Stravinski—, en todos esos casos la temática de la mujer histérica está «camuflada entre los exóticos adornos de la Antigüedad (clásica, bíblica, primitiva) [...] distanciándola de su incómoda relevancia contemporánea. Schönberg y Pappenheim le dieron un tratamiento crudo, sin barniz, que dejó desnudo su mensaje social y psicológico».[3] Esto nos lleva de vuelta a la tensión entre el libreto original de Pappenheim (un caso freudiano enraizado en la realidad social) y la versión de Schönberg (que retrata un puro delirio interior sin raíces sociales). La doble trampa que debe evitarse aquí es privilegiar cualquiera de las dos versiones: o afirmar que la versión de Schönberg es una mistificación estética e irracionalista del caso de histeria en Pappenheim, socialmente situado, o desechar el libreto de Pappenheim como un aburrido informe realista que solo se convierte en obra de arte gracias a la purificación de Schönberg. La vinculación de *Erwartung* con la histeria femenina es un lugar común; ¿cómo debemos definirla, exactamente? Detrás de la referencia a la histeria, hay dos fenómenos diferentes, aunque conectados. En primer lugar, está la línea artística, de mediados del siglo XIX (Wagner, los prerrafaelitas, Strindberg). En segundo lugar, está el psicoanálisis freudiano, que se desarrolló a partir del tratamiento de las pacientes histéricas («Anna O.», pero también «Dora», el primer gran caso de estudio de Freud). Jacques Lacan retrató la división que caracteriza al sujeto femenino histérico en una

---

3 Richard Taruskin, *Music in the Early Twentieth Century, op. cit.*, p. 327.

fórmula concisa: «Exijo que rechaces mi exigencia, puesto que esto no es eso». Cuando, por ejemplo, la Kundry de Wagner seduce a Parsifal, ella en realidad quiere que él se resista a sus intentos: ¿no atestigua su obstrucción, este autosabotaje, una dimensión en ella que resiste a la dominación del Falo? El temor masculino hacia la mujer, que marcó tan profundamente el *Zeitgeist* en el cambio de siglo XIX (desde Edvard Munch y August Strindberg hasta Franz Kafka) se revela así como el temor a la inconsistencia femenina: la histeria femenina, que confrontaba a estos hombres con una multitud inconsistente de máscaras (la mujer histérica pasa de repente de las súplicas desesperadas a burlas crueles o vulgares, etcétera), dejándolos traumatizados (y también marcó el nacimiento del psicoanálisis). Lo que causa tal inquietud es la imposibilidad de discernir detrás de las máscaras un sujeto consistente: detrás de las múltiples capas de máscaras no hay nada; o, en el mejor de los casos, solo la materia informe y viscosa de la sustancia vital. Basta con mencionar el encuentro de Edvard Munch con la histeria, que dejó una marca tan profunda en él:

En 1893 Munch estaba enamorado de la bella hija de un comerciante de vinos de Oslo. Ella se prendó de él, pero él temía ese lazo y estaba angustiado por su trabajo, así que la abandonó. Una noche de tormenta un velero se acercó para recogerlo: la explicación fue que la joven estaba a punto de morir y quería hablar con él por última vez. Munch se conmovió profundamente y, sin dudarlo, fue a casa de ella, donde la encontró tumbada en una cama entre dos velas encendidas. Pero, cuando se acercó a su cama, ella se levantó y comenzó a reír: toda la escena no era más que un engaño. Munch se volvió y se dirigió hacia la salida; llegado ese punto, ella amenazó con pegarse un tiro si él la dejaba; y, sacando un revólver, apuntó a su propio pecho. Cuando Munch alargó el brazo para arrancarle el arma, convencido de que también eso era parte del juego, el arma se disparó y le hirió en la mano.[4]

Aquí nos encontramos el teatro histérico en estado puro: el sujeto se ve atrapado en una mascarada en la que aquello que parece totalmente serio (su muerte inminente) acaba siendo un fraude, y lo que parece ser un gesto vacío acaba siendo auténticamente serio (la amenaza del suicidio). El pánico que se apodera del sujeto (masculino) ante este teatro expresa un temor a que detrás de las numerosas máscaras, que se desprenden unas de otras como capas de cebolla, no haya nada, ningún Secreto femenino definitivo. Esto es lo que hace de la histeria algo tan insoportable: ni la «irracionalidad» primigeniamente inconsciente de la mujer (sobre la que se centra la música de Schönberg) ni la confusión femenina como una reacción a la presión ejercida por el orden patriarcal (sobre la que se centra el libreto de Pappenheim). El contenido narrativo del libreto de *Erwartung* es mínimo. En las tres primeras escenas más cortas no sucede nada más que el incomprensible desvarío de la Mujer. Solo al comienzo de la escena cuarta emergen elementos de contenido narrativo; indicios de la infidelidad de su amante; un accidente en su viaje a una casa; una mujer que le impedirá entrar en la casa: «Y ellos no me dejarán entrar ahí... La mujer desconocida me echará... Y con él tan enfermo...». Cuando se topa con el cadáver de su amante, ella lucha contra la incredulidad, paralizada por el descubrimiento. Pero más tarde queda claro que ella misma era la asesina:

No, esa no es la sombra del banco... Alguien está ahí... No respira... Húmedo... algo fluye aquí... Brilla de color rojo... Oh, son mis manos, están desgarradas y sangran... No, todavía está mo-

---

4 Josef Paul Hodin, *Edvard Munch*, Londres, Thames & Hudson, 1972, pp. 88-89.

jado, viene de aquí... [*Ella intenta con gran esfuerzo arrastrar el objeto hacia delante*]. No puedo hacerlo... Es él...[5]

Su incapacidad para comprender la realidad del asesinato de su amante indica prediciblemente su condición histérica; solo después de que encuentre la fuerza para aceptar e integrar el conocimiento de la infidelidad de su amante sus pensamientos se centran más y sus emociones se hacen menos maleables; ella perdona y expresa compasión por su infidelidad, llegando a una plena consciencia de su autoengaño:

Querido mío... mi único amor... ¿la besabas a menudo?... mientras, estaba muriendo de anhelo. ¿La querías mucho? No digas que sí... Sonríes dolorosamente... Quizá tú también has sufrido... quizá tu corazón clamaba por ella... ¿Es culpa tuya?... Oh, te maldije... pero tu compasión me hizo feliz... Creía... Yo era feliz...[6]

Es verdad que la Mujer no alcanza la completa resolución de su tormento psíquico: al final de la ópera entra de nuevo en un estado disociado, retomando su búsqueda. Hay, sin embargo, un acontecimiento mínimo —una inversión subjetiva— justo antes del final, en su aceptación del crimen. Deberíamos advertir aquí la diferencia entre el libreto original de Pappenheim y la versión utilizada por Schönberg. El original básicamente es una narración realista que sitúa a la mujer histérica en un contexto social claro: abandonada por su amante, ella lo asesina, y el horror del acto le hace perder el contacto con la realidad y tener alucinaciones; ella deviene consciente de lo que ha hecho solo gradualmente,

---

5 Arnold Schönberg, *Erwartung. Monodram in einem Akt*, opus 17, libreto de Marie Pappenheim, escena 4. En línea en el Arnold Schönberg Center: www.schoenberg.at.
6 *Ibid.*

y se reconecta poco a poco con la realidad. A través de numerosas supresiones (de referencias a acontecimientos y circunstancias reales), Schönberg transformó una narración realista coherente de la histeria con un claro subtexto feminista en una alucinación ilógica de pesadilla que no estaba limitada por la realidad externa. Deben plantearse dos preguntas aquí: ¿por qué este vínculo entre música atonal y psicoanálisis? y ¿por qué Schönberg intenta transformar un caso clínico en un retrato autocontenido de la alucinación histérica? La respuesta a la primera pregunta parece obvia:

Los descubrimientos de Freud suponían una promesa para los artistas expresionistas que buscaban erradicar de sus obras la ornamentación, la obediencia somera a las reglas establecidas y la belleza superficial de sus obras. La revelación de que existía una mente inconsciente, repleta de imágenes, sentimientos y deseos, que solo obedecía a su propia lógica laberíntica... No es sorprendente que Schönberg encontrara en la Mujer histérica de *Erwartung* un tema ideal para su salto hacia el mundo de la mente inconsciente. La búsqueda del acceso a los dominios subliminales del pensamiento y la percepción habían potenciado una fascinación generalizada con las histéricas, para quienes la barrera entre la mente consciente e inconsciente se había fracturado.[7]

La respuesta a la segunda pregunta es que la reescritura de Schönberg del libreto fue el resultado de su impulso de liberar a la música de su imitación de la realidad externa: «Kandinski consideraba la línea y el color como efectos emocionales y los despojó de su función descriptiva. Schönberg hace algo similar con su

7 Claudia L. Friedlander, «Man sieht den Weg nicht... Musical, cultural and psychoanalytic signposts along the dark path of Schoenberg's Erwartung Op. 17», disponible en línea en http://liberatedvoice.typepad.com/clferwartung.pdf (último acceso: 22-1-2015).

música, que refleja el contenido extremadamente expresivo del texto». En otras palabras, seguimos dentro del espacio de la mímesis, y lo que cambia es sencillamente el objeto imitado. De la misma manera en que la pintura no figurativa intenta representar directamente la realidad espiritual-afectiva, eludiendo la realidad externa, Schönberg deseaba que su música manifestara de inmediato esa misma realidad espiritual-afectiva. A diferencia del arte tradicional, que funciona como una mímesis de la realidad externa, el auténtico arte moderno debería evitar el desvío a través de la realidad externa y actuar como una mímesis directa de la vida interior, una «representación de los acontecimientos internos».[8] Aquí entra el psicoanálisis: esta vida interior, aún no contaminada por la realidad externa, es inconsciente: «el arte debe expresar lo instintivo y lo innato, la parte de nosotros mismos que es totalmente inconsciente y no está corrompida por las convención».[9]

En una famosa carta a Kandinski, Schönberg afirmó enfáticamente que «el arte pertenece al *inconsciente*».[10] Se trata del inconsciente irracional y alucinatorio, el inconsciente de la «vida interior» psíquica, el flujo confuso e incoherente de ideas, pasiones, afectos; en resumen, el inconsciente psicológico de la inmanencia absoluta de la vida psíquica que es, como tal, *de facto* indistinguible del flujo de la propia corriente de conciencia. Pero ¿es este inconsciente el inconsciente freudiano? ¿No demostró Lacan que este último no es psicológico —el inconsciente del flujo interior irracional—, sino, por el contrario, y de manera bastante literal, metapsicológico, esto es, una estructura simbólica? Lacan comenzó su «retorno a Freud» con una lectura lingüística de todo el edificio psicoanalítico, encapsulado en lo que quizá sea su fórmula más conocida: «el inconsciente está estructurado como un

---

8 Richard Taruskin, *Music in the Early Twentieth Century, op. cit.*, p. 306.
9 *Ibid.*, p. 330.
10 *Ibid.*, p. 307.

lenguaje». La visión predominante del inconsciente es que es el dominio de las pulsiones irracionales, algo opuesto al yo consciente racional. Para Lacan este concepto del inconsciente pertenece a la *Lebensphilosophie* [filosofía de la vida] romántica, y no tiene nada que ver con Freud. El inconsciente freudiano causó tal escándalo no por la afirmación de que el yo racional esté subordinado a un vasto dominio de instintos ciegos irracionales, sino porque demostró que el inconsciente mismo obedece a su propia gramática y lógica; el inconsciente habla y piensa. El inconsciente no es un reservorio de pulsiones salvajes que el ego debe conquistar, sino el sitio desde el que habla una verdad traumática. Ahí reside la versión de Lacan del lema de Freud «wo Es war, soll Ich werden» [«donde estaba el Ello, debe advenir el Yo»]: no «el *ego* debería conquistar el *id*», el lugar de las pulsiones inconscientes, sino «debo atreverme a acercarme al lugar de mi verdad». Lo que me espera «ahí» no es una Verdad profunda sobre mí con la que deba identificarme, sino una verdad insoportable con la que debo aprender a vivir:

> El inconsciente no es lo primordial, ni lo instintual, y lo único elemental que conoce son los elementos del significante. [...] El escándalo intolerable en la época en que la sexualidad freudiana no era todavía santa era que fuese tan «intelectual». En eso se mostraba como digna comparsa de todos aquellos terroristas cuyos *complots* iban a arruinar a la sociedad.[11]

La Razón inconsciente no es, desde luego, como la estructura coherente de los pensamientos-procesos conscientes, sino una compleja red de vínculos particulares organizados a lo largo de las líneas de condensación, desplazamiento, etcétera, llenas de compromisos

11 Jacques Lacan, *Escritos*, vol. I, trad. de T. Segovia, Ciudad de México, Siglo XXI, ³2009, pp. 488-489.

pragmáticos y oportunistas: algo es rechazado, pero no del todo, pues regresa de un modo encriptado; es aceptado racionalmente, pero aislado o neutralizado en todo su peso simbólico, y así sucesivamente. Lo que tenemos, pues, es una enloquecida danza de distorsiones que no siguen ninguna clara lógica unívoca, sino que forman un tapiz de conexiones improvisadas. Recordemos el legendario caso del olvido del nombre Signorelli de *La psicopatología de la vida cotidiana* de Freud: Freud no podía recordar el nombre (Signorelli) del pintor de los frescos de Orvieto y produjo como sustitutos los nombres de otros dos pintores, Botticelli y Boltraffio, y su análisis saca a la luz los procesos de asociaciones significantes que vinculaban a Signorelli con Botticelli y Boltraffio (el pueblo italiano Trafoi fue donde recibió el mensaje del suicidio de uno de sus pacientes, que luchaba con problemas sexuales; *Herr*, la palabra alemana para señor —*Signor*— está vinculada a un viaje a Herzegovina, donde un viejo musulmán le dijo a Freud que después de que uno ya no puede practicar sexo no hay razón para seguir viviendo; etcétera, etcétera). La compleja textura rizomática de tales asociaciones y desplazamientos no tiene una estructura triádica bien definida con una resolución clara; más bien, el resultado de la tensión entre la «tesis» (el nombre Signorelli) y la «antítesis» (su olvido) es la formación de compromiso de recordar falsamente otros dos nombres en los que (y esta es su característica crucial) la dimensión por la que Freud fue incapaz de recordar a Signorelli (el vínculo entre el sexo y la muerte) vuelve de una manera aún más notable. El inconsciente freudiano es, pues, una totalidad inconsistente en la que un momento condensa (*verdichten*) una multiplicidad de cadenas causales asociativas, de modo que su sentido explícito «evidente» oculta el verdadero sentido reprimido. ¿Qué habría dicho Hegel del sueño de la inyección de Irma de Freud cuya interpretación desentierra una especie de superposición de múltiples líneas interpretativas (librarse de la culpa por el fracaso del tratamiento de Irma; el deseo de ser como el padre primordial que posee a todas las mujeres; etcétera, etcétera)? ¿Qué habría dicho Hegel de un sueño en el que el residuo del día (*Tagesreste*) está conectado con el núcleo del sueño solo a través de asociaciones verbales o similarmente tangenciales? ¿Qué habría dicho del sueño de una mujer-paciente («Su marido pregunta: ¿No deberíamos hacer afinar el piano? Ella: No vale la pena...»)[12] donde la pista la proporciona la presunta ocurrencia mental del mismo fragmento de discurso en una sesión analítica anterior durante la cual ella se había agarrado repentinamente la chaqueta, habiéndose desabrochado uno de los botones, como si dijera: «Por favor, no me mire / los pechos; / *no vale la pena*». No hay aquí ninguna unidad conceptual o temática entre los dos niveles (la escena onírica y el accidente durante la sesión anterior), lo que los une es solo un puente significante.

¿Cómo se relaciona el inconsciente al que se refiere Schönberg con el inconsciente estético «oceánico» predominante en la gran tradición del siglo XIX que comienza con Schopenhauer, llega a su culmen con el *Tristán* de Wagner, y cuya última gran expresión es *Muerte en Venecia* de Mann? Procedamos paso a paso.

Los impasses de la atonalidad

El inconsciente freudiano nos lleva de vuelta a *Erwartung,* o más precisamente al paso de la atonalidad a la dodecafonía. *Erwartung* se compuso en 1909, tras el salto a la atonalidad pura, pero antes de que Schönberg hubiera comenzado a trabajar sus ideas dodecafónicas de un modo sistemático. La observación típica es que el paso de la atonalidad a la dodecafonía es el cambio del expre-

12 Sigmund Freud, *La interpretación de los sueños,* en *Obras completas,* vol. 4, trad. J. L. Etcheverry, Buenos Aires, Amorrortu, 1991, p. 201.

sionismo extremo (la música que abandona todos los límites
formales preestablecidos para expresar lo más directamente posible la verdad subjetiva inconsciente más íntima) a su extremo
opuesto, a «un refugio para la investigación técnica y las hazañas
compositivas [...] los compositores dodecafónicos fueron más
lejos que ningún otro en ordenar el contenido de sus obras según
principios estructurales racionales, haciendo que el contenido
fuera, en efecto, equivalente a la forma».[13] Incluso Adorno está
de acuerdo con este lugar común, al leer el paso de la atonalidad
a la dodecafonía como una inversión dialéctica de la expresión
interior en un mero orden mecánico formal. Aquí, sin embargo,
el concepto lacaniano del inconsciente «estructurado como un
lenguaje» recupera su pertinencia: el paso de la atonalidad a la
dodecafonía no es, por tanto, un paso de las profundidades del
inconsciente irracional a una nueva forma de racionalidad cons-
cientemente planificada, sino un paso del flujo caótico de la
consciencia al inconsciente real. Tonalidad−atonalidad−dodeca-
fonía forman por consiguiente una buena tríada hegeliana, pero
no solo en el sentido simplista de que la atonalidad niega la tonalidad y entonces la dodecafonía niega la negación para intro-
ducir un nuevo orden positivo; lo hacen en un sentido mucho
más preciso e interesante. La tonalidad se niega primero en los
términos del viejo orden musical, a causa de su inadecuación
mimética: la crítica consistiría en que no expresa fielmente la
realidad psíquica interior del hombre, y el cambio a la atonalidad
está justificado en los términos del expresionismo extremo, como
el único modo de seguir la corriente interna. Solo entonces se
abandona el propio principio mimético mismo y se impone el
nuevo orden formal radical despsicologizado (dodecafonía) o,
dicho en términos lacanianos, Schönberg finalmente aprendió
que el Inconsciente está fuera, y no en las profundidades del alma.

13 Richard Taruskin, *Music in the Early Twentieth Century*, *op. cit.*, p. 704.

Lo que perciben los oyentes legos en la música atonal es una falta de melodía. La situación es más compleja, sin embargo, puesto que el predominio de la melodía en el siglo XIX ya era un signo del declive en la construcción armónica: «Ciertamente, es verdad que la melodía fue la base formal principal en toda la música del siglo XIX tras la muerte de Beethoven, pero eso se debió a que las relaciones armónicas ya no poseían la fuerza e influencia que tuvieron a lo largo del siglo XVIII».[14] El compositor cuya obra atestigua de manera ejemplar este declive es Chaikovski, un talento melódico indiscutible que era muy consciente de su debilidad a la hora de desplegar la textura de una gran forma musical.

Chaikovski alcanza el arte con mayúsculas no en sus numerosas «bellas melodías», sino cuando una de sus líneas melódicas queda bloqueada. Lo vimos en el segundo capítulo en referencia a la ópera *Oneguin*. En el comienzo mismo de esta ópera, en el breve preludio orquestal, el breve motivo melódico (el «Tema de Tatiana») no se desarrolla adecuadamente, sino que se ve meramente repetido de diversos modos, conservando plenamente el carácter de un fragmento melódico aislado, ni siquiera de una línea melódica completa. Hay un genuino sabor melancólico en tal repetición, que registra y despliega la impotencia subyacente, la incapacidad para un desarrollo adecuado.

Quizá Schönberg fue demasiado crítico con los compositores pseudoatonales en cuyas obras predominantemente tonales se pueden discernir ecos y huellas de la revolución atonal; aquí tenemos dos ejemplos sorprendentes provenientes nada menos que de Shostakóvich (quizá el tercero en la serie de «Aquellos cuyo nombre no debe pronunciarse en público»). En sus sinfonías clave (Primera, Octava y Décima), el movimiento más largo es siempre el primero, cuya lógica interna se desarrolla siguiendo

14 Charles Rosen, *Schoenberg*, Londres, Fontana Collins, 1975, p. 42.

una línea diferente a la forma de sonata: el movimiento comienza con una Tesis fuerte, una orgullosa afirmación beethovenesca de la fortaleza en el dolor, que luego se transforma gradualmente en una retirada hacia otra dimensión espiritual-etérea... paradójicamente esta misma retirada es la que genera una tensión insoportable. Además de este ejemplo, en la obra de Shostakóvich hay otro en dirección opuesta. David Hurwitz identificó uno de los procedimientos de Shostakóvich, que aprendió de Mahler: la «técnica de violentar una melodía que antes era lírica».[15] Por ejemplo, en el desarrollo del primer movimiento de su *Quinta sinfonía,* su tema principal, una frase lírica descendente, llevada a cabo por violines sobre un acompañamiento de cuerdas, se repite como una marcha grotesca a paso de ganso, con platillos, trompetas, un tambor y timbales.

El paso de Schönberg de la atonalidad pura a la dodecafonía vino de manera necesaria a causa del callejón sin salida al que había llegado la atonalidad. Charles Rosen describe la ópera *Erwartung* como «la «obra expresionista por excelencia»;[16] el propio Schönberg escribió: «En *Erwartung* el objetivo es representar a cámara lenta todo lo que ocurre durante un único segundo de máxima excitación espiritual, alargándolo hasta media hora».[17] Sin embargo, tal aproximación radical pronto revela sus limitaciones inmanentes. Con el ascenso de la atonalidad,

pareció como si ahora la música tuviera que componerse nota a nota; solo eran posibles las cadenas de escalas cromáticas o de tonos enteros, y estas solo a veces. La renuncia al uso simétrico de bloques de elementos, al elaborar las proporciones musicales,

15 David Hurwitz, *Shostakovich: Symphonies and Concertos,* Milwaukee, Amadeus Press, 2006, p. 25.
16 Charles Rosen, *Schoenberg, op. cit.,* p. 40.
17 Citado en Arnold Schönberg, *Style and Idea: Selected Writings of Arnold Schoenberg,* Nueva York, University of California Press, 1975, p. 103.

colocó el peso en las unidades más pequeñas, intervalos únicos, motivos breves. Los valores expresivos de estos pequeños elementos tomaron entonces una importancia excesiva: reemplazaron a la sintaxis. [...] Y puesto que tomaron un papel preponderante en la composición, era obvio que un compositor podría elegir elementos con los valores más poderosos o incluso los más violentos, ya que estos pequeños elementos ahora tenían que hacer el trabajo de grupos mucho más grandes. La relación entre la violencia y la crueldad de la expresión emocional y los cambios formales de estilo no es, por lo tanto, fortuita.[18]

En un formalismo auténticamente materialista, debería invertirse la relación entre forma y contenido, siguiendo el famoso análisis de Fredric Jameson sobre Hemingway: demuestra que Hemingway no escribía breves fraseos bruscos para expresar la individualidad estoica y aislada de sus personajes, sino que la forma llega primero, y Hemingway inventó la individualidad heroica y aislada *para* poder escribir de una determinada manera. Y lo mismo vale para Schönberg: no dio el profético paso a la atonalidad para poder expresar en su música los extremos a los que llega la macabra violencia mórbida histérica; eligió el tema de la histeria porque encajaba con la música atonal.

Philip Friedheim ha descrito *Erwartung* como la «única obra larga» de Schönberg «en un estilo atemático»,[19] donde, una vez aparecido, ningún material musical retorna durante los siguientes 426 compases. Un caso de atonalidad pura, *Erwartung* es un *hápax,* como el cuadrado de Malévich: algo que en realidad solo puede hacerse una sola vez, el único espécimen de su género. *Erwartung* representa, por tanto, «el extremo del principio de la

18   Charles Rosen, *Schoenberg, op. cit.*, pp. 29-30.
19   Philip Friedheim, «Rhythmic Structure in Schoenberg's Atonal Compositions», *Journal of the American Musicological Society*, vol. XIX, n.° 1 (primavera de 1966), pp. 59-72, aquí: p. 59.

no-repetición»,[20] y, como tal, nos confronta con el problema evidente de la atonalidad pura, un problema que, al no poder resolverse dentro de su propio marco, se manifiesta como el problema de las grandes formas musicales. ¿En qué basar la coherencia de una obra de gran formato cuando las repeticiones a gran escala y las similitudes están prohibidas? Schönberg intenta resolver este problema a través de una serie de estrategias. Su primera y obvia opción fue que, si una obra atonal no puede lograr «una forma puramente musical extraída de la lógica de un material puramente musical», entonces el principio de unidad debe buscarse en el «material extramusical, los textos poéticos, los sentimientos íntimos, como si estos sentimientos pudieran distinguirse en el resultado final de su extraordinaria encarnación musical».[21] El problema con esta solución es que, cuando el «material extramusical» está compuesto exclusivamente de sentimientos interiores, estos, expresados en su caótica inmanencia, son un flujo inconsistente disperso sin ninguna unidad orgánica.

Schönberg resolvió un aspecto secundario de este problema —cómo concluir una obra cuando las armonías finales están prohibidas— «llenando el espacio cromático, lo cual conlleva una saturación del espacio musical, su sustituto para el acorde tónico; en vez de una consonancia absoluta, obtenemos un estado de plenitud cromática en la que toda nota dentro del rango de la orquesta se interpreta en una especie de *glissando*».[22] Esta solución apunta hacia la técnica de la dodecafonía, en la cual las doce notas de la escala cromática se emplean con la misma frecuencia dentro de una pieza musical, a la vez que se evita el énfasis en cualquier otra nota a través del uso de líneas tonales; a las doce notas, por tanto, se les da más o menos la misma importancia, y de este modo se

20 Philip Friedheim, «Rhythmic Structure in Schoenberg's Atonal Compositions», *op. cit.*, p. 64.
21 Charles Rosen, *Schoenberg, op. cit.*, pp. 95-96.
22 *Ibid.*, p. 66.

evita que la partitura esté en una sola clave. (El propio Schönberg describió el sistema como un «método para componer con doce tonos que solo están relacionados entre sí», haciéndose eco del concepto de diferencialidad de Saussure: cada tono es solo su diferencia respecto a los otros, de modo que solo hay diferencias, sin términos positivos.[23] Por esta razón, a Schönberg no le gustaba el término «atonalidad» y prefería el de «pantonalidad»: mientras que el primer término es meramente negativo, el segundo sugiere que el foco tonal se desplaza de uno a otro tono, de modo que cada tono obtiene su momento de hegemonía). La saturación del espacio cromático se condensa así en un momento final que la dodecafonía despliega como —o expande en— un sistema. Mientras que la atonalidad y la dodecafonía son ambas «igualitarias», y rechazan cualquier Tono-Amo, la dodecafonía es un intento de resolver el problema de cómo transformar el «igualitarismo» atonal en un nuevo orden. En otras palabras, mientras que la atonalidad es el Acontecimiento histérico, la dodecafonía es el resultado del «trabajo del amor» como fidelidad al Acontecimiento.[24]

23 El problema de la serialidad, de la igualdad en todas las variaciones y el centro oculto de toda la matriz, puede ilustrarse a través de un estúpido incidente que ocurrió en una comuna *hippy* eslovena a final de la década de 1960, en el punto álgido de la revolución sexual. Un «coordinador» de la comuna (su líder y amo *de facto*, aunque los líderes estuvieran prohibidos) propuso que, para salir del individualismo burgués en cuestión de sexo, debía introducirse un complejo patrón para variar las parejas sexuales, de modo que, en un periodo especificado de tiempo, cada hombre del grupo hubiese tenido sexo con cada mujer. El grupo descubrió pronto que el coordinador había propuesto esto con un único propósito: quería dormir con una joven específica que era la pareja de otro miembro de la comuna, y la matriz le resultaba el único modo de hacerlo sin admitir su preferencia individual y deseo posesivo.

24 Otro procedimiento con una función similar es, desde luego, el uso de *Klangfarbenmelodie* (melodía-de-color-del-sonido), una técnica que implica dividir una línea musical o melodía entre varios instrumentos, en vez de asignarla a un único instrumento (o conjunto de instrumentos), añadiendo así color (timbre) y textura a la línea melódica. El término fue acuñado por Schönberg en sus *Harmonienlehre* de 1911.

Richard Taruskin señala con ácida ironía que la fórmula de Schönberg de «emancipación de las disonancias» «tiene excelentes "vibraciones" políticas»:[25] evoca inmediatamente la libertad respecto a un régimen opresivo que ha intentado suprimir sus propios antagonismos internos; en otras palabras, es como si la admisión de las disonancias musicales reflejara de algún modo la admisión de los antagonismos sociales. Taruskin está en lo cierto al señalar que el resultado crucial de la «emancipación de las disonancias» no se cifró en la capacidad de la música para expresar emociones catastróficas; esto era meramente el subproducto (o daño colateral, como decimos hoy) del «logro de un espacio musical plenamente integrado en el que las dimensiones "horizontal" y "vertical" eran al menos equivalentes»: mientras la composición estuvo limitada por las reglas de la armonía, «las ideas "horizontales", como las melodías, no siempre podían ser representadas "verticalmente"».[26]

Hay, sin embargo, otra opción, que Schönberg no rehúye: jugar con la propia tonalidad ausente. Por ejemplo, observó que cuando «por la estructura del acorde parece sugerirse una resolución de las dos notas superiores en consonancia según las reglas de la armonía tonal, [...] esta alusión a las viejas formas armónicas parece tener un efecto satisfactorio incluso aunque la resolución no ocurra realmente».[27] ¿No practicaba Mallarmé algo similar con sus rimas virtuales? Las líneas precedentes sugieren que el verso en cuestión acabará con una rima, pero no lo hace, haciendo de la palabra ausente algo acaso más presente aún en su ausencia (algo como: «Tras ver a mi mujer morir / decido por última vez dormir / y cuando el sol irradie su calor / sentiré un hondo alegrón» [en vez de «dolor»]).

25 Richard Taruskin, *Music in the Early Twentieth Century*, *op. cit.*, p. 310.
26 *Ibid.*, p. 340.
27 Charles Rosen, *Schoenberg, op. cit.*, p. 53.

Otro procedimiento está directamente tomado del Romanticismo: varios motivos de *Erwartung* aparecen primero en fragmentos esbozados y solo gradualmente suben a la superficie de la textura musical. Aquí entra otro extraño compañero cuyo estatus es incluso inferior al de Chaikovski, el otro «cuyo nombre no debe pronunciarse» (entre los amantes serios de la música clásica): Sibelius. El tercer movimiento de la *Cuarta sinfonía* de Sibelius ofrece un caso ejemplar de su intensa relación con la materia musical: es una especie de contrapartida musical a las estatuas de Rodin (o incluso del Miguel Ángel tardío), en la que la forma del cuerpo se esfuerza penosa y denodadamente por emerger del cautiverio inerte de la piedra, sin librarse nunca del todo del peso opresivo de la inercia material; el gran esfuerzo de este movimiento es dar a luz al motivo central que ocurre solo un par de veces hacia el final del movimiento. La ruptura del Romanticismo reside precisamente en volver «imposible» la melodía propiamente dicha, en marcarla con una barra de imposibilidad (el florecimiento de las «bellas melodías románticas» no es más que el anverso *kitsch* de esta imposibilidad fundamental). Así pues, tenemos un fenómeno aparentemente universal (la melodía) que, «como tal», no obstante, está constreñido, limitado a un periodo histórico definido con precisión. Lo que quizá sea el máximo logro del Romanticismo tardío expresionista es precisamente la noción de la línea melódica, del motivo principal, como algo que tiene que ser «forjado», esculpido, extraído de la inercia de la materia vocal por medio de un trabajo doloroso: lejos de funcionar como punto de partida de una serie de variaciones que luego forman la parte principal de la pieza, el motivo musical principal resulta de la dolorosa perlaboración de la materia musical que forma el cuerpo principal de la pieza. Así pues, la característica básica del Romanticismo musical no es la celebración del anhelo espiritual, sino el surgimiento gradual y doloroso de una melodía a partir de la lucha con el material musical. En este sentido, el

Romanticismo musical es profundamente materialista: en Mozart y en la mayor parte de Beethoven, una melodía está aquí sin problemas, simplemente dada como punto de partida de sus variaciones, mientras que, en el Romanticismo, la melodía solo emerge gradualmente a través de la lucha con el material y el trabajo sobre él. Tal vez sea esta intensa relación con la inercia de la materia lo que une a Sibelius y a Tarkovski, para quien, además, la tierra, su materia inerte y húmeda, no se opone a la espiritualidad, sino que es su propio medio.

En el modernismo propiamente dicho, ocurre algo aún más radical: la propia materia pierde su densidad y peso sustanciales. En este sentido, el tercer movimiento de la *Cuarta Sinfonía* de Sibelius debe contrastarse con su cuarto movimiento concluyente. Cada uno de ellos presenta un modo específico de fracaso. Como acabamos de ver, el tercer movimiento muestra un doloroso esfuerzo por extraer la melodía principal, esfuerzo que, en dos ocasiones, está a punto de tener éxito, pero que finalmente fracasa: «lo que pretende ser el tema principal [...] a medida que el movimiento evoluciona intenta dos veces alcanzar el estatus de melodía completamente formada, pero retrocede cada vez, primero al ser disuadido por la reaparición del motivo de apertura, que luego queda sofocado por la sección de metales».[28] Este fracaso, este bloqueo inherente que impidió la afirmación final de la melodía, debe haber sido especialmente difícil de soportar para Sibelius, conocido por su capacidad para construir lentamente la tensión y luego liberarla con la aparición final del motivo melódico completo, lo que le permite recordar los finales triunfales de su *Segunda* y *Quinta Sinfonías*. El cuarto movimiento falla de una manera mucho más inquietante:

28 Burnett James, *The Music of Jean Sibelius*, Rutherford, Fairleigh Dickinson University Press, 1983, p. 77.

La primera parte del final parece estar a punto de liberar gene-
rosidades melódicas e impulsivas, como si el principio de colocar frases más largas y flexibles junto a los núcleos temáticos
concentrados estuviera a punto de cumplirse. Pero no sale así:
al poco tiempo comienza un inquietante proceso de desintegración que al final se ha vuelto total e irreconciliable. Las últimas páginas se apagan en una especie de nada resignada, con
una figura tres veces repetida de un oboe solista, como la de una
criatura mítica que lanza un grito de infinita soledad en los
helados desiertos del espíritu...[29]

La última parte de esta apreciación no solo es seudopoéticamente
torpe, sino *sensu stricto* falsa: lo que efectivamente ocurre en la
última parte del final de la *Cuarta Sinfonía* de Sibelius es algo
mucho más inquietante que la representación expresionista estándar del grito de un individuo completamente aislado que
nadie escucha en el vacío de un páramo desolado. Más bien,
estamos presenciando una especie de cáncer musical que desen-
cadena la descomposición gradual y progresiva de la textura
musical en sí, como si el propio fundamento, la «sustancia» de la
realidad (musical), comenzara a perder su consistencia; como si,
usando otra metáfora poética, el mundo en el que vivimos estuviera perdiendo gradualmente sus colores, su profundidad, su
forma definida, su consistencia ontológica más fundamental. Lo
que ocurre en el último movimiento de la *Cuarta Sinfonía* de Sibelius es, entonces, algo homólogo a la escena hacia el final de
The Thirteenth Floor [Nivel 13] (1999) de Josef Rusnak, cuando
Hall, el protagonista de la película, conduce hacia un lugar al que
nunca habría pensado en ir. En un punto del viaje, detiene el co-
che al ver cómo el área y todo lo que hay en ella se transforman
en estructuras de alambre. Ha alcanzado el límite de nuestro

---

29 Burnett James, *The Music of Jean Sibelius*, op. cit., p. 75.

mundo, el dominio donde nuestra densa realidad se disuelve en coordenadas digitales abstractas, y finalmente comprende la verdad: que Los Ángeles de los años 90 —su mundo— es una simulación... Así que, en lugar de, como el tercer movimiento, involucrarse en la lucha por arrancar la melodía, el cuarto movimiento comienza como si todo estuviera bien, como si se hubiera ganado terreno y se prometiera el despliegue orgánico completo de su potencial; lo que ocurre entonces es que el material no resiste tanto nuestro esfuerzo por darle forma (como en el tercer movimiento), sino que se desintegra directamente, se escapa, pierde su sustancia material, se convierte en un vacío. Podemos hacer lo que queramos con él, el problema es que la sustancia en la que trabajamos implosiona progresivamente, se derrumba, se desvanece... Esta diferencia entre el tercer y el cuarto movimiento es la diferencia entre lo humano y lo inhumano o, más bien, lo poshumano: mientras que el tercer movimiento capta la dimensión humana en su aspecto más melancólico, el cuarto movimiento cambia de registro y nos sitúa en una dimensión más allá, en la que una lúdica locura poshumana coincide con la destitución subjetiva.

El «pensamiento onírico» de Erwartung

Esto nos lleva al carácter único de los *Gurre-Lieder* de Schönberg, una cantata para cinco solistas vocales, narrador, coro y gran orquesta, basado en poemas de Jens Peter Jacobsen. El título se refiere al castillo de Gurre en Dinamarca, escenario de la leyenda nacional danesa sobre el amor del rey Waldemar por su amante Tove, y el asesinato de esta a manos de la celosa reina Helvig. En la primera representación en Viena, el 23 de febrero de 1913, Schönberg fue muy despectivo respecto a la buena acogida que logró, afirmando: «Me resultó más bien indiferente, por no decir algo molesta». Quizá, sin embargo, su desdén estuviera mal dirigido.

El suceso traumático en *Gurre-Lieder* (el asesinato de Tove ordenado por la malvada esposa de Waldemar) ocurre *hors champ* y solo es relatado por la anciana Paloma del Bosque; además, la parte III se subdivide en tres subpartes en las que un personaje excéntrico y carnavalesco actúa como su centro: un campesino ingenuo y asustado, Klaus el Bufón y el Orador. (La posición de bufón de la corte ya se menciona al final de la parte II, cuando Waldemar lanza una aterradora maldición contra Dios, en la que planea asumir este papel: el hecho de que Dios permitiera el asesinato de Tove demuestra que es «un tirano, no un rey», y como tal necesita a alguien que lo reprenda, un bufón de la corte que le diga la verdad: «¡Déjame, Señor, llevar tu gorro de bufón!»). ¿No es esta tríada como los tres notables amigos–doctores de la segunda parte del sueño de Freud sobre la inyección de Irma? ¿No refleja esto la homología general entre *Gurre-Lieder* y el sueño de la inyección de Irma? En ambos casos, el descenso al trauma último se transforma en una escena extraña, sublime y a la vez ridícula, propiamente irreal, beatífica.

Gurre-Lieder es una de las piezas más extrañas de toda la historia de la música. La preferencia de Schönberg por la música de cámara es bien conocida: en una ingeniosa crítica a la vulgaridad estadounidense, dijo que todo en la música puede decirse con un máximo de cinco o seis instrumentos... solamente necesitamos orquestas para que los norteamericanos lo entiendan. ¿Cómo explicar, pues, *Gurre-Lieder*, que requiere solistas, una orquesta completa y tres coros? En las notas que acompañan a su grabación, Simon Rattle propuso una maravillosa fórmula: *Gurre-Lieder* es una pieza de música de cámara para orquesta y coro; esta es, en efecto, la forma en que debe abordarse. Cualquier compositor promedio puede escribir una pieza de cámara para tres o cuatro intérpretes, pero solamente un genio como Schönberg puede escribir una pieza de cámara para seiscientos intérpretes.

Es una pieza extraña, marcada por una doble división: su línea melódica fue compuesta en 1901-1902, cuando Schönberg aún era un romántico tardío, y fue instrumentalizada en 1910, después de su ruptura con el atonalismo; esta discordancia entre la línea melódica romántica tardía y la orquestación atonal es la que produce el efecto inquietante de la pieza en el oyente. Pero lo que hace que *Gurre-Lieder* sea realmente única es un reflejo entre su línea musical y la historia de la música misma: el cambio del denso *pathos* del romanticismo tardío wagneriano al *Sprechgesang* [canción hablada] atonal se representa en el propio progreso de la pieza. *Gurre-Lieder* comienza con un diálogo de una belleza insoportable entre el rey Waldemar y Tove, su amor secreto. Cuando el canto de la paloma informa al rey sobre la muerte de Tove, Schönberg sobrepasa al propio Wagner en la intensidad de la música. (Si, como dice el refrán, *Rienzi* de Wagner es la mejor ópera de Meyerbeer, con el único problema de que él no la escribió, entonces *Gurre-Lieder* de Schönberg es la mejor ópera de Wagner). Totalmente destrozado, Waldemar se alza contra Dios mismo, y es castigado por esta blasfemia, siendo condenado a volver como un espectro no-muerto junto a su guardia de soldados. En este punto, comienza el cambio del canto patético y pesado del Romanticismo tardío hacia el *Sprechgesang* atonal que anuncia la regeneración de la Vida; el vagabundeo espectral y nocturno de los caballeros «no-muertos» da pie a una celebración de la nueva vida diurna en una naturaleza ya «sanada», que ha vuelto a despertar. Pero ¿qué tipo de luz diurna es esta? Definitivamente no es la luz diurna antigua y prerromántica de la Razón clasicista serena. Es cierto que la pasión romántica, la melancolía y el levantamiento contra Dios se reemplazan por una beatitud renovada y optimista; pero, nuevamente, ¿qué tipo de beatitud es esta? ¿No está esta beatitud inquietantemente cercana a la caricaturizada en la escena arquetípica de dibujos animados en la que, después de que un gato o un perro recibe un golpe en la cabeza con un martillo pesado, empieza a reírse felizmente y ve pajaritos piando y danzando alrededor de su cabeza?

Hay ciertamente algo aterradoramente obsceno en la declamación excesivamente patética del *Sprechgesang* del Orador que concluye *Gurre-Lieder:* una naturaleza completamente desnaturalizada, una especie de inocencia perversa y burlona, no muy diferente de un libertino corrupto que, para dar más sabor a sus juegos, imita a una joven inocente. El amanecer con el que concluye *Gurre-Lieder* designa así el momento en el que el anhelo y el dolor infinitos del Romanticismo se desmoronan en una total insensibilidad, de modo que el sujeto, en cierto sentido, queda desubjetivizado, reducido a un bendito idiota que solo es capaz de pronunciar balbuceos sin sentido. Todo el «teatro del absurdo» ya está presente en el final de *Gurre-Lieder*.

Volviendo a *Erwartung*, la aplicación clave de este procedimiento de construir gradualmente un motivo a partir de fragmentos esbozados, como si estos fueran señales distorsionadas provenientes del futuro (el futuro del motivo plenamente formado), es un motivo que emerge en forma completamente realizada solo en los momentos finales de *Erwartung*, en el compás 410. El hecho sorprendente es que este motivo, que sirve «como una *Grundgestalt*, una idea musical fundamental o "forma básica" que da coherencia a la textura musical armónicamente no funcional ("atonal")»[30] de *Erwartung*, proviene de la canción tonal anterior de Schönberg «Am Wegrand» (opus 6), donde forma parte de su fraseo inicial.[31] Una interpretación psicoanalítica común sugeriría que es como si, a través de la libre asociación, la melodía reprimida anterior hubiera regresado a la conciencia; aquí, el psicoanálisis no solo proporciona el tema (la histeria femenina), sino

30 Richard Taruskin, *Music in the Early Twentieth Century, op. cit.*, p. 353.
31 El primero en llamar la atención sobre el reciclaje que hiciera Schönberg del material de «Am Wegrand» fue Herbert Buchanan en su obra «A Key to Schoenberg's Erwartung Opus 17» (1967).

que afecta a la forma musical misma.[32] Sin embargo, el hecho enigmático es que parece como si Schönberg fuera perseguido por el espectro de la tonalidad al abordar la creación de sus primeras obras atonales:

Los lenguajes internalizados del pasado, «algo familiar y viejo, establecido en la mente, que ha sido enajenado solo por el proceso de represión», vuelve para acosar al nuevo lenguaje emergente. Este proceso es especialmente vívido en la música. Los fantasmas del pasado se vuelven especialmente amenazadores si vivimos con ellos día a día. Al transferir los pensamientos de Freud a la esfera musical, yo diría que la tonalidad, el más *heimlich* de los fundamentos musicales, se hace cada vez más ajeno y reprimido a medida que Schönberg y otros luchan por superarlo. Los destellos de tonalidad que surgen aquí y allí, en varios grados y en varias intensidades a lo largo de la vida creativa de Schönberg, pueden ser entendidos claramente como *unheimlich*.

32 ¿No encontramos algo similar en la serie televisiva *24*? Casi un tercio de cada episodio lo ocupan los anuncios que interrumpen la emisión. El modo en que los anuncios rompen la continuidad de la narración es en sí mismo único y contribuye a la sensación de acción trepidante: un único bloque de emisión, anuncios incluidos, dura exactamente una hora, de modo que las rupturas son parte de la continuidad temporal de la serie. Digamos que vemos el reloj digital en la pantalla, y este marca «7:46» y después hay un corte de publicidad. Cuando el programa vuelve, vemos el mismo reloj digital señalando que ahora son las «7:51»: la duración del corte en el tiempo real del espectador es exactamente la misma que la brecha temporal que se ha producido en la narración en pantalla. Es como si los cortes publicitarios encajaran milagrosamente en el despliegue en tiempo real de los acontecimientos de la narración; como si nos tomáramos un descanso de los acontecimientos y, no obstante, estos continuaran mientras miramos los anuncios; como si una retransmisión en directo hubiese sido temporalmente interrumpida. La continuidad de la acción en desarrollo aparece por tanto tan trepidante, derramándose sobre el tiempo real de los espectadores mismos, que no puede ser interrumpida ni siquiera por los cortes publicitarios.

Las sonoridades de la tonalidad no han desaparecido plenamente, han sido enajenadas, convertidas en espectros evanescentes.[33]

Es difícil pasar por alto la ironía que se esconde aquí: el «pensamiento-sueño» reprimido es *tonal*, así que ¿cuál es el deseo inconsciente que opera en la canción? La continuidad amorfa de la música atonal se ha designado a menudo como una especie de flujo de conciencia, pero ¿dónde está aquí el Inconsciente? El flujo atonal debería funcionar como una representación directa del Inconsciente, liberado de las restricciones del discurso consciente racional o de la tonalidad, pero este flujo inconsciente en sí mismo se relaciona con un fragmento *tonal* como su *propio* inconsciente... El flujo atonal es más bien como el flujo de las asociaciones libres —no primordial, sino el flujo caótico consciente del que la interpretación debe desenterrar el núcleo inconsciente— pero, de nuevo, ¿es el motivo tonal el momento Inconsciente aquí? El análisis de los sueños de Freud proporciona aquí una clave valiosa.

El inconsciente freudiano también tiene un aspecto formal y no es una mera cuestión de contenido: recordemos los casos en los que Freud interpreta un sueño de modo que lo que se reprime/excluye de su contenido vuelve como un rasgo de la forma de este sueño (en un sueño sobre el embarazo, el hecho de que la soñadora no esté segura de quién es el padre se articula bajo la apariencia de la incertidumbre sobre el significado del sueño); además, Freud subraya que el verdadero secreto del sueño no es su contenido (los «pensamientos oníricos»), sino la forma misma:

Los pensamientos oníricos latentes son el material que el trabajo del sueño remodela en el sueño manifiesto. [...] Lo único esencial en el sueño es el trabajo que ha operado sobre el material

33 Claudia L. Friedlander, «Man sieht den Weg nicht...», *op. cit.*

de pensamientos. No tenemos derecho alguno a pasárnoslo por alto en la teoría, por más que en ciertas situaciones prácticas nos sea lícito descuidarlo. La observación analítica muestra, también, que el trabajo del sueño nunca se limita a traducir estos pensamientos a los modos de expresión arcaicos o regresivos que ya conocen ustedes. En cambio, por regla general agrega algo que no pertenece a los pensamientos latentes del día, pero que es el genuino motor de la formación del sueño. Este agregado indispensable [*unent-behrliche Zutat*] es el deseo, igualmente inconsciente, para cuyo cumplimiento es remodelado el contenido del sueño. El sueño puede ser todo lo que se quiera mientras ustedes solo tomen en cuenta los pensamientos subrogados por él: advertencia, designio, preparación, etc.; es siempre también el cumplimiento de un deseo inconsciente, y es solo esto si ustedes lo consideran como resultado del trabajo del sueño. Un sueño, por tanto, nunca es un designio o una advertencia, pura y simplemente, sino siempre un designio, etc., traducido al modo de expresión arcaico con el auxilio de un deseo inconsciente y remodelado para el cumplimiento de estos deseos. Uno de esos caracteres, el cumplimiento de deseo, es el constante; los otros pueden variar; pueden ser a su vez también un deseo, de suerte que el sueño figure como cumplido un deseo latente del día con el auxilio de un deseo inconsciente.[34]

Merece la pena analizar cada detalle de este brillante pasaje, desde su lema implícito inicial «lo que es suficientemente bueno para la práctica —a saber, la búsqueda del significado de los sueños— no lo es para la teoría», hasta su redoblamiento concluyente del deseo. Su idea clave es, por supuesto, la «triangulación» del pensamiento onírico latente, el contenido onírico manifiesto y el

---

34 Sigmund Freud, *Conferencias de introducción al psicoanálisis*, en *Obras completas*, vol. 15, trad. J. L. Etcheverry, Buenos Aires, Amorrortu, 1991, pp. 204-205.

deseo inconsciente, que limita el alcance —o, más bien, lo socava directamente— del modelo hermenéutico de interpretación de los sueños (el camino desde el contenido onírico manifiesto hasta su significado oculto, el pensamiento onírico latente), que recorre hacia atrás el camino de la formación de un sueño (la transposición del pensamiento onírico latente al contenido onírico manifiesto mediante el trabajo onírico). Lo paradójico es que este trabajo onírico no es solo un proceso de enmascaramiento del «verdadero mensaje» del sueño: el verdadero núcleo del sueño, su deseo inconsciente, se inscribe solo a través y en este mismo proceso de enmascaramiento, de modo que en el momento en que volvemos a traducir el contenido onírico en el pensamiento onírico expresado en él, perdemos el «genuino motor» del sueño; en pocas palabras, es el propio proceso de enmascaramiento el que inscribe en el sueño su verdadero secreto. Por tanto, habría que dar la vuelta a la noción estándar de la penetración cada vez más profunda hasta el núcleo del sueño: no es que primero penetremos desde el contenido onírico manifiesto hasta el secreto de primer nivel, el pensamiento onírico latente, y luego, en un paso más allá, aún más profundo, hasta el núcleo inconsciente del sueño, el deseo inconsciente. El deseo «más profundo» se encuentra en la brecha entre el pensamiento onírico latente y el contenido onírico manifiesto.

Así pues, volviendo a *Erwartung:* de forma estrictamente homóloga, el motivo *Wegrand* no es el elemento inconsciente, sino el «pensamiento onírico» de la obra. El verdadero inconsciente reside en otra parte, ¿dónde exactamente? En la propia música, en la forma de la música. La brecha entre forma y contenido es aquí propiamente dialéctica, en contraste con la brecha trascendental, cuyo punto es que todo contenido aparece dentro de un marco formal *a priori*, y por lo tanto siempre debemos ser conscientes del marco trascendental invisible que «constituye» el contenido que percibimos —o, en términos estructurales, debemos distinguir entre los elementos y los lugares formales que estos elementos ocupan—. Solo alcanzamos el nivel propio del análisis dialéctico de una forma cuando concebimos un determinado procedimiento formal no como expresión de cierto aspecto del contenido (narrativo), sino como aquello que marca o señala la parte del contenido que ha sido excluida de la línea narrativa explícita, de modo que —y aquí reside el verdadero punto teórico— si queremos reconstruir «todo» el contenido narrativo, debemos ir más allá del contenido narrativo explícito como tal e incluir los rasgos *formales* que actúan como sustitutos del aspecto «reprimido» del *contenido*. Tomemos el conocido ejemplo elemental del análisis de los melodramas: el exceso emocional que no puede expresarse directamente en la línea narrativa encuentra su salida en el acompañamiento musical ridículamente sentimental o en otros rasgos formales.

Sin embargo, hay una diferencia clave entre el melodrama y *Erwartung:* en esta última, la propia brecha entre contenido y forma debe reflejarse de nuevo en el propio contenido, como indicación de que este contenido no es todo, de que algo fue reprimido/excluido de él; esta exclusión que establece la propia forma es la «represión primordial» (*Ur-Verdrängung*), y por mucho que saquemos a la luz el contenido reprimido, esta represión primordial persiste. En otras palabras, lo que se reprime en un melodrama barato (y lo que luego retorna en la música) es simplemente el exceso sentimental de su contenido, mientras que lo que se reprime en *Erwartung,* su Inconsciente, no es un contenido determinado, sino el vacío de la subjetividad misma que elude la forma musical y es como tal constituido por ella en la forma de su resto.